夏季老師の中国語用の口を手に入れる発音教室

原田夏季 著

SANSHUSHA

はじめに

中国語講師として、初級者から上級者まで多くの中国語学習者と接してきました。中国語のレベルを問わず、発音に悩みを抱えている人は少なくありません。中国語を母語としない私もその一人で、「この発音でいいのか分からない」「この２つの音の違いは何？」「指摘されるけど、直し方が分からない」という悩みを経験し、今も模索し続けています。本書では、そんな学習者でもあり講師でもある私が得た中国語発音のコツを紹介します。「まずはとにかく通じるようになりたい」「聞く側にストレスをかけない発音を身につけたい」という方の役に立てればと思います。

本書では最初に、発音練習のための準備体操を紹介します。母語と違う言語を発音するには、普段はあまり使わない口の筋肉を使うため、運動前と同じように準備体操をすると、口を動かしやすくなります。そして、第１章では「まずとにかく通じる」ようになるために、苦手な方の多いポイントを５つ解説します。次に、第２章では「かなり伝わる」ようになるために、中国語の発音で一番の要と言える声調に取り組みます。そして、第３章では「より伝わる」中国語にするために、中国語用の筋肉を身につけ、口の動きをスムーズにする方法を紹介します。最後に第４章では、ネイティブレベルの発音を目指し、訓練を続けるコツを提案します。また、付録にピンイン表を掲載しています。ピンイン表を縦方向と横方向に読む練習は、地味ですが効率的です。音声をダウンロードし、縦方向と横方向に読む練習を習慣化しましょう。

音声は李軼倫先生（男性・中国語母語話者）の発音のほか、著者である私（女性・日本語母語話者）の発音も一部収録しています。声の高さや細かい発音の違いがありますが、「この音も許容範囲である」というサンプルの一つとして参考にしていただければと思います。

本書の制作にあたり、音声録音の李先生、校正の上野先生、相談役の中国語音読仲間など、多くの方々にご協力いただきました。心よりお礼を申し上げます。

発音に自信がつくと、音読が楽しくなります。音読が楽しいと、語彙力も表現力も上がっていいことづくめです。たくさん声を出し、中国語の発音を楽しんでください。

原田夏季

熟能生巧《shú néng shēng qiǎo》

無料音声ダウンロード・ストリーミング利用の方法

1. PC・スマートフォンで本書の音声ページにアクセスします。

   https://www.sanshusha.co.jp/np/onsei/isbn/9784384060348/

2. シリアルコード「06034」を入力。

3. 音声ダウンロード・ストリーミングをご利用いただけます。

※発音のプロであるネイティブの先生に加え、日本人学習者の先輩である著者の音声も一部入れています。

本書の使い方

発音練習の準備体操：毎回発音練習の前にすると効果的な準備体操を紹介します。

第 1 章：まず苦手な方の多い「e」「有気音」「ü(yu)」「反り舌音」「隠れた音」の 5 つに取り組みます。なぜ苦手なのかを分析することで苦手意識を払拭し、「通じる」発音を目指しましょう。

第 2 章：次に、中国語の発音で一番の要と言える声調に取り組みます。4 種類の声調の特徴を正しく捉え、軽声や変調のルールを確認しましょう。あいまいになっているルールがあるかもしれません。それを見直せば、「かなり伝わる」ようになります。

第 3 章：そして、「より伝わる」中国語にするため、中国語用の筋肉を身につけ、口の動きをスムーズにしましょう。

第 4 章：繰り返し練習して、身につけるための工夫を紹介します。

ピンイン表：中国語の音を一覧しながら練習できます。第 1 ～ 3 章の練習問題右上にも表記しています（「ピンイン表　縦 3」など）。縦読み（↓方向）は母音重視、横読み（→方向）は子音重視の練習ができます。発音の基礎練習として、縦横に読む練習をしてみてください。

舌：このマークの音は「反り舌音」です。（第 1 章 4「反り舌音」に解説あり）

息：このマークの音は「有気音」です。（第 1 章 2「有気音」に解説あり）

e：このマークの音は「母音 e の音」です。（第 1 章 1「『e』」に解説あり）

発音練習の準備体操

中国語の発音練習の効果を高める準備体操を紹介します。

発音は、スポーツで例えるならフォームです。正しいフォームには、筋力が必要です。正しい発音をするためには、口の筋肉を鍛える必要があります。効果的に練習するために、準備体操を習慣にしましょう。

◆唇の体操

①唇をタコのように突き出します。その次にそのまま、鼻の方、あごの方…とグルっと何度も回しましょう。

②口をグアっと開けます。唇に力を入れ、「お」の口にします。これを何度か繰り返しましょう。

◆舌の体操

舌先で上の前歯の裏を触ります。そこから上あごを通って、限界まで奥(のどちんこの近くまで)なぞります。何度か繰り返しましょう。

◆あごの体操

唇は閉じたままで、あごだけ上下に動かします。腹話術の人形のイメージです。何度か繰り返しましょう。

練習前にこれをしておくだけで、口の周りを動かしやすくなります。さあ、発音練習に励みましょう！

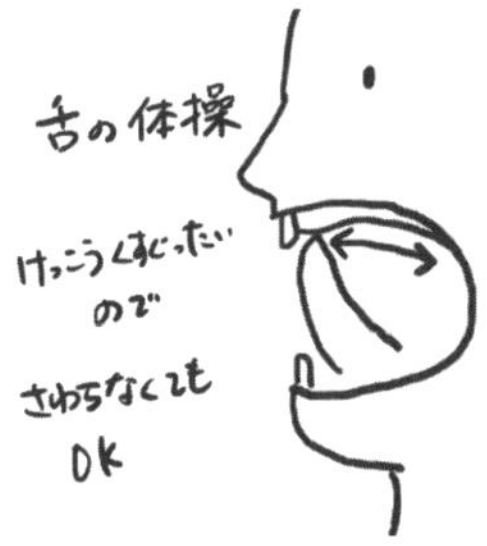

目次

第2章

< 伝わる >

声調さえ正しければかなり伝わる

第3章

< より伝わる >
口に中国語用の筋肉をつけよう

第4章

< 続ける >

日常生活に発音練習を採り入れよう

第1章

〈通じる〉

まずは苦手意識を払拭しよう

「通じる中国語」にするための発音のコツを紹介します。発音の先生や中国語のニュースキャスターを目指しているのでなければ、ネイティブの専門家の発音を完コピできるまで修行する必要はありません。広く、多様な民族が共生する中国には、日本語に比べて違いが大きい方言がたくさんあります。中国人同士でも自分とは違う発音をする人が多いので、英語にイギリス英語やアメリカ英語があるように、日本人特有の中国語のクセがあっても、受け入れてもらえます。

「通じる」発音に到達するには、まずピンインを読む時に気をつけるべき音を押さえましょう。さらに、日本語の50音では表せない音の正体を理解しましょう。

何年も学習していても、意外と忘れているピンインのルールがあるかもしれません。少しおさらいするだけでも、中国語の伝わりやすさがグッと上がります。初めて習った時にはピンとこなかった音も、中国語に触れているうちに正しい音が耳に染み付き、後から「あっ！　こういうことか！」と納得できるかもしれません。

1

「e」
日本語の枠に入れることを止めれば前に進める

「先生…e って、「うー」に聞こえたり「おー」に聞こえたりするんですけど…」そんな声を何度も聞きました。

中国語の母音の中でも、苦手な人が多いのがこの「e」です。中国語の母音「e」は、日本語の母音「あいうえお」とは全く違う音です。無理に日本語の「あいうえお」に当てはめようとすると、通じなくなってしまうのがこの「e」なのです。

日本語を母語としている人が「あいうえお」に当てはめたくなるのは自然なことですが、まずは「あいうえお」を意識からなるべく排除してください。**今までの人生で出したことがない、全く新しい音を身につける**という気持ちで、「e」と向き合いましょう。

中国語の「e」は、**口の奥、舌の付け根**を使います。唇の形は重要ではありません。

動画でも確認できます。https://youtu.be/VPra9cxSpd4

▶▶▶ 動画 1

それでは、鏡かスマホを用意してください。まずは音を出す場所を確認した後、「e」の音を作ってみましょう。

やってみよう 1

▶▶ 音声 1

まずは、音を出す場所を確認するために、鏡で口の中を観察しながら、日本語で「んが、んが、んが、…」と何度も言ってみましょう。その時、なるべく口を大きく開けて、舌の動きを見てみましょう。

「んが、んが、んが、……」

口の奥（のどちんこ付近）で舌の根元が動いているのが見えましたか？　その辺りが**口の奥、舌の付け根**です。中国語の「e」は、ここを使います。

やってみよう 2

▶▶ 音声 2

では次に「e」の音を作ってみましょう。唇は力を入れずに、自然な形で少し開けておきます。唇は動かさずに、力を抜いたまま先ほどの**口の奥、舌の付け根に力をグッと入れて**、「うー」と言ってみましょう。

（口の奥、舌の付け根にグッと力を入れて）「**うー**」

歯医者に行った時をイメージしてください。治療中に口は閉じられないけど「うー」と言わなければいけない、という状況を想像してください。すると、日本語の「うー」とは違った、唸るような音が出ます。この音が「e」の最初の一歩です。

上級者にこの「e」に似ている音はと尋ねると、苦しそうな例えばかりが出てきます。お腹が痛い時に唸る声、後ろからナイフでグサリとやられた時に出る声、という人もいます。私はまだ刺されたことがないので分かりませんが、中国語の「**饿 è**（お腹が空いた）」のイメージにピッタリの音ですね。

聞いてみよう

▶▶▶ 音声 3

では、次の2つを意識してもう一度「e」を聞いてみましょう。1声で発音します。

1）口の奥で唸る
2）「あいうえお」のどれでもない音

ē

「e」の音をよく聞くと、音の始まりと終わりで、音が変化しています。口の奥で発音する感覚がつかめたら、この音の変化にも気を配ってみましょう。力を入れて盛り上がった舌の根元から、少しずつ力を抜いて開放していくようなイメージです。

練習 1

▶▶▶ 音声 4
▶▶ ピンイン表　縦 3

母音「e」と子音の組み合わせで発音してみましょう。

子音無し		e
子音 b		
子音 p	息	
子音 m		me
子音 f		
子音 d		de
子音 t	息	te
子音 n		ne
子音 l		le
子音 g		ge
子音 k	息	ke
子音 h		he
子音 j		
子音 q	息	
子音 x		
子音 zh	舌	zhe
子音 ch	舌 息	che
子音 sh	舌	she
子音 r	舌	re
子音 z		ze
子音 c	息	ce
子音 s		se

hē
喝

chē
车

rè
热

※ピンイン表は巻末を参照。

実は、ピンインの中に「e」のアルファベットがあればすべてこの通りに発音するわけではありません。ローマ字読みの「エ」に近い音で発音する組み合わせもあります。次の 6 つをそれぞれ子音を付けて発音してみましょう。

▶▶▶ 音声 5

ei

[ei bei pei mei fei dei nei
lei gei kei hei zhei shei zei]

(ピンイン表　縦 5)

▶▶▶ 音声 6

en

[en ben pen men fen den
nen gen ken hen zhen
chen shen ren zen cen sen]

(ピンイン表　縦 9)

▶▶▶ 音声 7

ie

[ye bie pie mie die
tie nie lie jie qie xie]

(ピンイン表　縦 17)

▶▶▶ 音声 8

uei

[wei dui tui gui kui hui
zhui chui shui rui zui cui sui]

(ピンイン表　縦 29)

▶▶▶ 音声 9

uen

[wen dun tun lun gun kun hun
zhun chun shun run zun cun sun]

(ピンイン表　縦 31)

▶▶▶ 音声 10

üe

[yue nüe lüe jue que xue]

(ピンイン表　縦 35)

逆に言うと、母音「e」に関連する音の中で**喉の奥で発音をしなくてはならないのは、「e」と「eng」だけ**なのです。(厳密に言うと weng もなのですが、使う漢字が少ない音です)(「en」と「eng」は第 3 章 3 を参照)

練習 2

▶▶ 音声 11

音声を聞いて、発音しながら漢字とピンインを書いて覚えましょう。
※ は e。

1. 德国 **Déguó** （ドイツ）

2. 唱歌 **chànggē** （歌を歌う）

3. 游乐园 **yóulèyuán** （遊園地）

4. 颜色 **yánsè** （色）

5. 选择 **xuǎnzé** （選ぶ）

6. 和平 **hépíng** （平和）

chànggē
唱歌

yóulèyuán
游乐园

yánsè
颜色

2

有気音
声ではなく、やさしく、ゆっくり息を出せばいい

中国語の有気音は「p、t、k、q、ch、c」の6つです。

「『pa』という音は有気音ですが、これを日本語の『パー』と発音するだけではだめなのでしょうか？　全く通じませんか？」と、聞かれることがあります。

実は、日本語の「パー」という音は、どちらかというと中国語の「**ba**」に聞こえるのです。そのため、次の2つが区別できなくなってしまいます。

▶▶▶ 音声 12

他很棒。Tā hěn bàng.　彼はすごい。

他很胖。Tā hěn pàng.　彼は太っている。

有気音は 2 つの要素でできています。「声」と「息漏れの音」です。

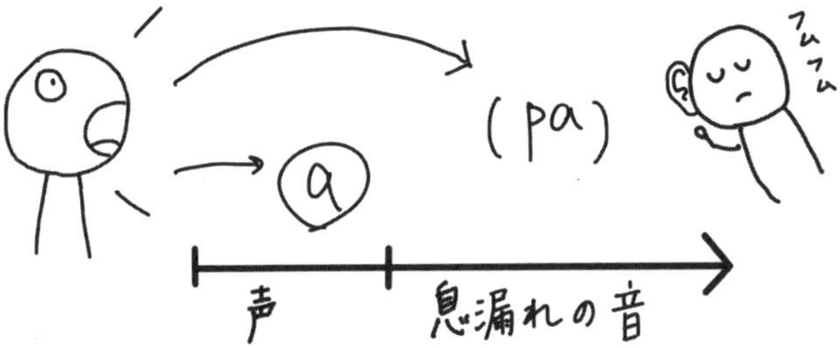

有気音は、まず声の出ない息だけの（pa）が先に出ています。そしてその後から声を出す「a」が追いかけてくるような音なのです。
そのため、聞き手にはまず（pa）が聞こえています。

有気音「**pa**」を日本語の「パー」と発音すると、無気音「**ba**」に聞こえてしまいます。では、ネイティブは「**pa**」と「**ba**」をどう聞き分けているのでしょうか？

音の初めに（pa）という息漏れの音が聞こえたら「pa」、聞こえなかったら「ba」と判断しています。日本語の「ば」と「ぱ」は、息漏れの音がしないため、中国語では両方とも「ba」に聞こえます。日本語のように濁音や半濁音で判断しているわけではないのです。

図のように、ほかの有気音「**t**」～「**c**」についても同じく、息漏れの音がするかどうかで判断します。

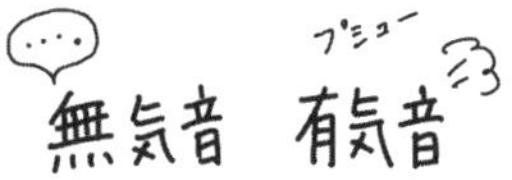

b(a)	↔	p(a)
d(a)	↔	t(a)
g(a)	↔	k(a)
j(i)	↔	q(i)
zh(a)	↔	ch(a)
z(a)	↔	c(a)

練習 1

▶▶▶ 音声 13

有気音を聞いて、最初の「息だけの摩擦音」が聞こえるか、チェックしてみましょう。

pa、ta、ka、qi、chi、ci

発音を真似たくなりますが、しっかり聞くことが重要です。よく耳を澄ませて、細かい音まで拾う気持ちで聞くとよいでしょう。

では、具体的な発音のコツを、有気音の「pa」で説明します。

まず、息だけの音を練習しましょう。内緒話をするように、**声を出さずに**息の摩擦音だけで（ぱー）と言ってみましょう。「ぱ」ではなく、（ぱー）と少し伸ばします。強く、ではなく**やさしく出す**のがポイントです。つい、声を出してしまいそうになりますが、我慢しましょう。

▶▶▶ 音声 14

（ぱー）、（ぱー）、（ぱー）、（ぱー）、（ぱー）……

次は、声を出して「あー」と言ってみましょう。これは簡単なので 3 回くらいで大丈夫です。

▶▶▶ 音声 15

「あー」、「あー」、「あー」

では、今度は続けて練習してみましょう。少し難しいので、慣れるまで何回もやってみてください。

▶▶ 音声 16

(ぱー)、「あー」、(ぱー)、「あー」、(ぱー)、「あー」、(ぱー)、「あー」……

慣れたら、(ぱー)「あー」を一息で言ってみましょう。**ゆっくり、優しく、長くです**。これは難しいので、少し練習してみてください。

▶▶ 音声 17

(ぱーーー)「あーーー」、(ぱーーー)「あーーー」、(ぱーーー)「あーーー」……

慣れてきたら、今度は少しずつ息だけの(ぱー)を短くしていきましょう。

▶▶ 音声 18

(ぱー)「あーーー」、(ぱー)「あーーー」、(ぱー)「あーーー」……

この音が有気音の基本形になります。あとは、こなれた短さになるまで調節してみてください。慣れてくると、まずは声の出ない(ぱ)を伸ばさずに繰り返す練習をするだけで、有気音らしい「息の摩擦音」が最初に聞こえるようになりますよ。

▶▶ 音声 19

(ぱっ)、(ぱっ)、(ぱっ)、(ぱっ)、(ぱっ)、(ぱっ)、(ぱっ)……

有気音は息の音を出そうとして、多くの人が強く息を出しすぎてしまうようです。**ゆっくり、やさしく息を出す**ことで息の音がしっかりと聞こえるようになります。

聞き手は「最初に息の音が聞こえるかどうか」で判断しているので、話し手は「どれだけ相手に息の音を届けられるか」で勝負しないといけないのです。重要なのは「息をどれだけ強く吐けるか」ではなく、**「息の摩擦音をどれだけ力を抜いて出せるか」**です。ずっと力を入れていると疲れちゃいますからね。

練習 2

次の音を真似て発音し、自分の発音を録音して聴き比べてみましょう。

▶▶ 音声 20

子音 **p**　**[pa po pai pei pao pou pan pen pang peng pi pie piao pian pin ping pu]**

(ピンイン表　横 3)

▶▶ 音声 21

子音 **t**　**[ta te tai tao tou tan tang teng tong ti tie tiao tian ting tu tuo tui tuan tun]**

(ピンイン表　横 7)

▶▶ 音声 22

子音 **k**　**[ka ke kai kei kao kou kan ken kang keng kong ku kua kuo kuai kui kuan kun kuang]**

(ピンイン表　横 11)

▶▶ 音声 23

子音 **q**　**[qi qia qie qiao qiu qian qin qiang qing qiong qu que quan qun]**

(ピンイン表　横 14)

▶▶ 音声 24

子音 **ch**　**[cha che chai chao chou chan chen chang cheng chong chi chu chua chuo chuai chui chuan chun chuang]**

※反り舌音に注意しましょう。

(ピンイン表　横 17)

▶▶ 音声 25

子音 **c**　**[ca ce cai cao cou can cen cang ceng cong ci cu cuo cui cuan cun]**

(ピンイン表　横 21)

練習 3

▶▶▶ 音声 26

どちらの音か当ててみましょう。

1.	ba	pa
2.	da	ta
3.	ga	ka
4.	ji	qi
5.	zi	ci
6.	zhi	chi
7.	dou	tou
8.	jian	qian
9.	zeng	ceng
10.	bai	pai
11.	guai	kuai
12.	zhuang	chuang

答え：1.pa, 2.ta, 3.ga, 4.ji, 5.ci, 6.chi, 7.dou, 8.jian, 9.zeng, 10.bai, 11.kuai, 12.zhuang

練習 4

▶▶▶ 音声 27

音声を聞いて、発音しながら漢字とピンインを書いて覚えましょう。
※ ▢ は有気音。

1. 开会　**kāihuì**（会議をする）

2. 钱包　**qiánbāo**（財布）

3. 擦桌子　**cā zhuōzi**（机を拭く）

4. 冬天　**dōngtiān**（冬）

5. 葡萄　**pútao**（ぶどう）

6. 空调　**kōngtiáo**（エアコン）

qiánbāo
钱包

cā zhuōzi
擦桌子

pútao
葡萄

3

「ü(yu)」舌を無意識に動かさなければ大丈夫

中国語の「ü(yu)」は、音を聞いてすぐに真似できる人も多い音です。ただ単独で発音することは簡単でも、油断するとすぐに口の形が崩れてしまいます。ほかの音と組み合わさると、口の形や舌の動きが間に合わず、無意識のうちに日本語の「ゆ」になってしまっていることがあるのです。

では、日本語の「ゆ」と中国語の「ü(yu)」はどう違うのでしょうか？

やってみよう

まずは、日本語の「ゆ」を何度も繰り返して言ってみましょう。

ゆ、ゆ、ゆ、ゆ、ゆ、ゆ、ゆ、ゆ、ゆ、ゆ……

口の中で舌が動いているのを感じ取れたでしょうか？ 具体的には、舌を上あごに押し付けてから、力を緩めて離しています。

■日本語の「ゆ」

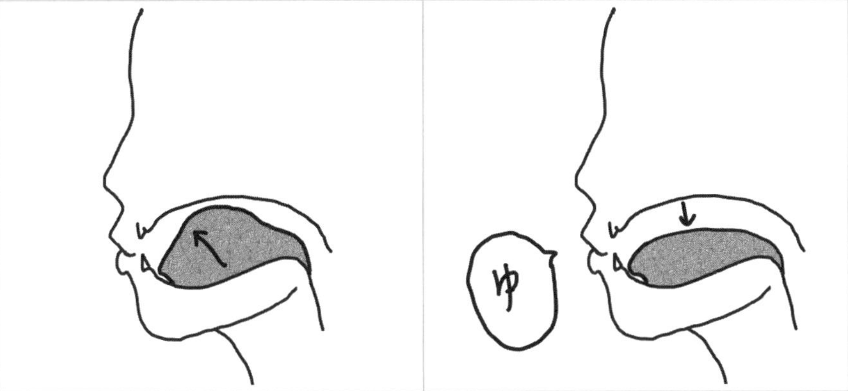

① 舌を上あごに押し付けてスタンバイする。	② 押し付けた舌を離す。 （押し当てていた力を抜き、舌が自然な位置に戻る）

一方、**中国語の「ü(yu)」は、舌を押し付けたまま離さずに発音します。**①の状態のまま、舌を動かさずに声を出すのです。①の状態で「**ü(yu)**」と発音できていても、舌を動かしてしまうと日本語の「ゆ」の音になってしまいます。日本語の癖でつい舌を動かしてしまうので、意識して動かさないようにしましょう。

▶▶▶ 音声 28

「ü(yu)」

日本語で「ま」と言う時、「まー」のように長く伸ばす人はあまりいないと思います。それに対し、中国語には声調があるため、「**mā**」のように日本語より長く伸ばして発音します。日本語は音が短いため、舌が絶え間なく動いているのです。この習慣で、中国語の発音の際にも舌が本来あるべきポジションから外れたり動いたりしてしまうのです。

練習1

音声29

音声を聞いて、発音しながら漢字とピンインを書いて覚えましょう。
※ [grey box] は ü(yu)。

1. 瑜伽　**yújiā**（ヨガ）

2. 下雨　**xià yǔ**（雨が降る）

3. 羽毛球　**yǔmáoqiú**（バドミントン）

4. 天气预报　**tiānqì yùbào**（天気予報）

5. 浴室　**yùshì**（バスルーム）

6. 玉米　**yùmǐ**（とうもろこし）

yújiā
瑜伽

xià yǔ
下雨

yùmǐ
玉米

子音＋「ü(yu)」は要注意！

それでは、「ü(yu)」に子音が付くとどうなるでしょうか？　ピンイン表を見てみましょう。

	34	35	36	37	
	ü	üe	üan	ün	母音の実際の音
子音なしの表記	yu	yue	yuan	yun	
子音 n	nü	nüe			「ü」の点々（ウムラウト）あり
l	lü	lüe			
j	ju	jue	juan	jun	点々なし！
q	qu	que	quan	qun	
x	xu	xue	xuan	xun	

「yu」が付く子音はそもそも n 、 l 、 j 、 q 、 x しかないのが分かります。

この中でも、子音「j」「q」「x」の部分に注目してください。**なんと…「ü」の点々（ウムラウト）が消えています**……。

筆記体でピンインを書くときに点々を書くのが面倒だから……という説もありますが、「面倒くさがらずに点々はそのままにしておいてくれよ！」と叫びたい気持ちです。

去 qù

▶▶▶ 音声 30

よく使う動詞に「去 qù（行く）」がありますが、この音は「子音 q（有気音）＋母音 u（wu）」ではなく、**「子音 q（有気音）＋母音 ü(yu)」**の音なのです。

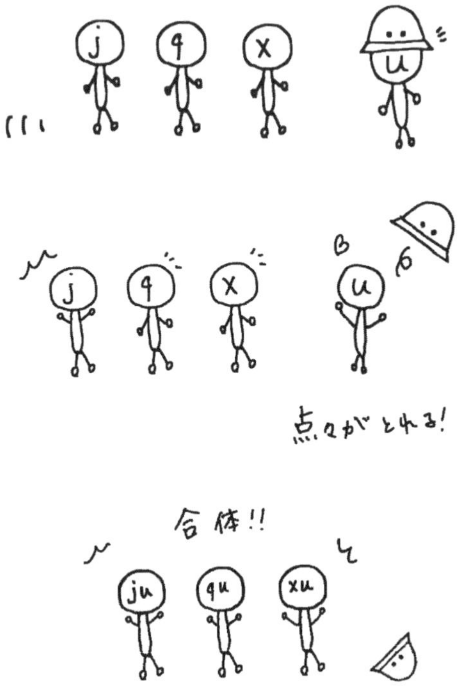

今まで「去 qù」の発音が通じなくて困ったことのある方は、この「ü(yu)」の音をしっかり意識して発音するだけで、ぐっと伝わりやすくなりますよ。

なお、この「ü」は、中国語のピンイン入力でキーボードの「v」に設定されています。例えば、「nv」と入力すると「nü」と認識され、変換候補に「女」が出てきます。

練習 2

▶▶ 音声 31,32,33,34
▶▶ ピンイン表　縦 34,35,36,37

「yu」と子音の組み合わせで発音してみましょう。

子音無し		yu	yue	yuan	yun
子音 b					
子音 p	息				
子音 m					
子音 f					
子音 d					
子音 t	息				
子音 n	点々あり	nü	nüe		
子音 l	点々あり	lü	lüe		
子音 g					
子音 k	息				
子音 h					
子音 j	点々なし	ju	jue	juan	jun
子音 q	息 点々なし	qu	que	quan	qun
子音 x	点々なし	xu	xue	xuan	xun
子音 zh	舌				
子音 ch	舌 息				
子音 sh	舌				
子音 r	舌				
子音 z					
子音 c	息				
子音 s					

練習 3

音声 35

音声を聞いて、発音しながら漢字とピンインを書いて覚えましょう。
※ ▢ は ü(yu)。

1. 拒绝 **jùjué** （断る）

2. 旅游 **lǚyóu** （旅行する）

3. 歌曲 **gēqǔ** （歌）

4. 嘘 **xū** （シーッ ［静かにさせる時の音］）

5. 女孩子 **nǚháizi** （女の子）

6. 温泉 **wēnquán** （温泉）

7. 裙子 **qúnzi** （スカート）

8. 掠夺婚 **lüèduóhūn** （略奪婚）

lǚyóu
旅游

xū
嘘

wēnquán
温泉

4

反り舌音
スプーン舌とアヒル口《くち》で出しやすくなる

「zhi、chi、shi、ri」は「反り舌音」「巻舌音」と呼ばれます。日本語の発音とはかなりかけ離れた音なので、「できな～い！」という声をよく聞きます。

唇の形を「い」の形にしないことが重要です。母音は「i」と書いてありますが、発音は「i(yi)」とは異なります。**唇の形は「アヒル口《くち》」、つまり上下の唇を少し突き出して、歯を少し見せます。**そして舌は**水をすくうスプーンの形**です。

反り舌音の舌の形のイメージ

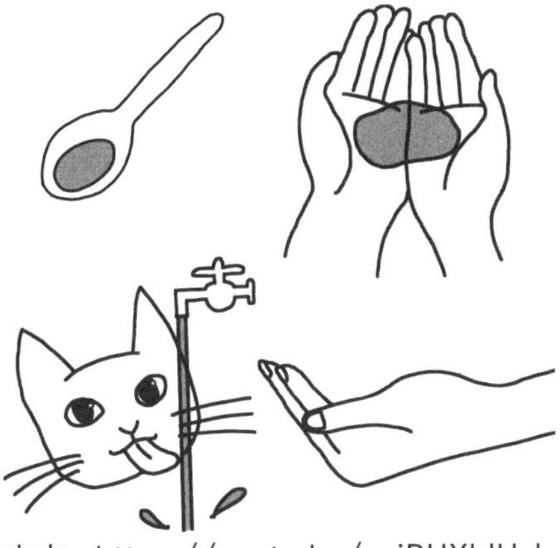

動画でも確認できます。https://youtu.be/xeiRHXldUzk

動画2

やってみよう 1

▶▶▶ 音声 36

最初に反り舌音の中でも、比較的出しやすい「ri」で練習しましょう。
まずはお手本の音をよく聞きましょう。

ri

どうでしょうか？　よく聞くと振動しているような、独特の摩擦音がしませんか？　この摩擦音は英語の「r」とも違います。

それでは、実際口を動かす練習に移りますが、その前に口の体操をしておくと、口を動かしやすくなります。（巻頭の「発音練習の準備体操」を参照）また、口元を見ながら練習するので、鏡を用意してください。まず舌の位置を確かめましょう。

やってみよう 2

日本語で「リリリリリ……」と言ってみてください。（唇は横に引かず、リラックスした状態で OK です）その時、舌の両サイドが上の奥歯の辺りに触れていることを確認してください。舌先は「リ」と発音するたびに動いて、上あごを触っていますね。

リリリリリ……

やってみよう 3

「り」を発音する動作をスローモーションで上あごに舌先がくっつく前ギリギリで舌を止めてみましょう。声を出して舌に振動を感じる所が止める場所です。その時、舌の真ん中がくぼんでスプーンのようになっていると思います。

やってみよう 4

▶▶ 音声 37

では、もう一度お手本の音を聞いてみましょう。

ri

基本の形は変えずに、少しずつお手本に近づくように調節してみてください。**上下の唇を少し突き出して、歯を少し見せる「アヒルロ」にすると出しやすい**です。

音には「通じる幅」がある

「先生、中国語の『ri』が人によって違う音に聞こえる時があるんですけど…」

こんなお悩みをよく聞きます。実際、「ri」の音は人によって違うように聞こえます。「ぅｒぃー」のように舌をものすごく巻いているような音の人もいれば、「じー」のような振動音が聞こえるタイプの人もいますが、全部「ri」です。

反り舌音は「zh(i)」「ch(i)」「sh(i)」「r(i)」の4種類です。聞こえた音が反り舌音で、かつ「zhi」「chi」「shi」でなければ、「ri」だと判定します。

自分で発音する時も、多少の音の違いは重要ではありません。「ほかの音と区別するポイント」を外さないことが重要です。「ri」の場合は「ri」と「li」が区別できるように発音することです。日本語の「り」と発音してしまうと、「li」と判定されてしまうので注意が必要です。

やってみよう 5

▶▶▶ 音声 38

ほかの「zhi、chi、shi」も、この「**ri**」を基本の形として発音してみましょう。まず「**ri**」の口の形を作り、舌先を上あごにくっつけたり離したりしながら試してみましょう。

「ri」の口の形で　**「じー」**と言う→ **zhi**

「ri」の口の形で　**「ちー」**（有気音）と言う→ **chi**

「ri」の口の形で　**「しー」**と言う→ **shi**

「**chi**」は有気音なので、まずは息の音を出すようにしてくださいね。（有気音は第 1 章 2 を参照）

最初は口がかなり疲れるので、無理しないようにしましょう。反り舌音の中で一番よく使う言葉は「是 shì」です。**まずは、この「是」だけでも舌の動きを丁寧に、しっかり巻いて発音するように心がけてみましょう。**反り舌音「zhi、chi、shi、ri」のうちの 1 つでもできれば、ほかの音もできるようになります。

練習 1

次の音を真似て発音し、自分の発音を録音して聴き比べてみましょう。

▶▶ 音声 39

子音 **zh**

[zha zhe zhai zhei zhao zhou
zhan zhen zhang zheng
zhong zhi zhu zhua zhuo
zhuai zhui zhuan zhun zhuang]

（ピンイン表　横 16）

▶▶ 音声 40

子音 **ch**

[cha che chai chao chou chan chen
chang cheng chong chi chu chua
chuo chuai chui chuan chun chuang]

（ピンイン表　横 17）

※有気音を意識して発音しましょう。

▶▶▶ 音声 41

子音 **sh**

[sha she shai shei shao shou shan shen shang sheng shi shu shua shuo shuai shui shuan shun shuang]

（ピンイン表　横 18）

▶▶▶ 音声 42

子音 **r**

[re rao rou ran ren rang reng rong ri ru rua ruo rui ruan run]

（ピンイン表　横 19）

練習2

▶▶ 音声43

音声を聞いて、発音しながら漢字とピンインを書いて覚えましょう。
※ 　は反り舌音。

1. 知道 zhīdao （知る）

2. 吃饭 chīfàn （食事をする）

3. 时间 shíjiān （時間）

4. 日本 Rìběn （日本）

5. 桌子 zhuōzi （机）

6. 茶叶 cháyè （茶葉）

7. 刷牙 shuāyá （歯磨きをする）

8. 鸡肉 jīròu （鶏肉）

chīfàn
吃饭

shuāyá
刷牙

jīròu
鸡肉

中国大連に留学していた時、買い物の会計で「sìsíkuài!」と言われたので 20 元を渡したところ、「足りない！」と言われました。私は「十四快 shísìkuài」だと思ったのですが、実際は「四十快 sìshíkuài」だったのです。大連では「**shi**」を舌を巻かずに「**si**」と発音する人がいて、その場合「十」と「四」は声調だけで判断しないといけませんでした。

このように、地域によっては、次のように発音する場合があります。

「**zhi**」→「**zi**」
「**chi**」→「**ci**」
「**shi**」→「**si**」
「**h**」が抜けたようになるのですね。

5

隠れた音 ピンイン表記にはない音が自然に出るクセをつける

中国語のピンインには、多くの罠が隠れています。ピンイン表記では省略されている隠れた音があるのも、その罠の１つです。ピンインの表記と実際の音が違って聞こえる……そんな経験がみなさんにもあるのではないでしょうか。それでは右のピンイン表を見てみましょう。

母音「iou（you）」と子音の組み合わせの部分です。一番下の「xiu」を見てください。**母音「iou」＋子音「x」ですので、「xiou」となるはずが、「o」が消えて「xiu」となっています。**ほかの子音が付いた場合も同じです。

この消えるピンインのややこしいところは、表記上は「o」が消えるのに、実際の音は残っていることです。「子音＋ iu」というピンインを見て、「子音＋ iou」と発音しないといけないのです。

	iou
	you
子音 m	miu
d	diu
n	niu
l	liu
j	jiu
q	qiu
x	xiu

子音が付かない時の表記（← you）

子音が付くと「o」が消える！（m〜x）

それでは、このような「隠れたピンイン」について、一つずつ単語を発音しながら覚えていきましょう。

やってみよう 1

▶▶▶ 音声 44

ピンイン表記「子音＋ iu」→実際の発音「子音＋ iou」

酒　**jiǔ**

jioǔ と発音する

足球　**zúqiú**

zúqioú と発音する

ちなみに、数字の「六 **liù**」も「九 **jiǔ**」も母音がこの「**iou**」ですので気を付けて発音しましょう。

やってみよう 2

音声 45

ピンイン表記「子音＋ ui」→実際の発音「子音＋ uei」

贵　guì

guei̇ と発音する

水　shuǐ

shueǐ と発音する

やってみよう 3

▶▶▶ 音声 46

最後はピンイン表記「(j、q、x を除く) 子音＋ un」→実際の発音「子音＋ uen」ですが、この音は前の 2 つと比べて、隠れた「e」の音が聞こえにくいです。そのぶん発音する時もあまり意識しすぎず、ピンインの表記どおりに、「e」を入れずに読んでも伝わります。少しだけ「e」の音を混ぜると、上級者っぽいこなれた感じが出ます。

ピンイン表記「(j、q、x を除く) 子音＋ un」→実際の発音「(j、q、x を除く) 子音＋ uen」

春　**chūn**

chūen と発音する

结婚　**jiéhūn**

jiéhūen と発音する

練習 1

音声 47,48,49
ピンイン表　縦 19,29,31

子音が付く時と付かない時の表記の違いにも注目しましょう。

子音無し		yōu	wēi	wēn
子音 b				
子音 p	息			
子音 m		miū		
子音 f				
子音 d		diū	duī	dūn
子音 t	息		tuī	tūn
子音 n		niū		
子音 l		liū		lūn
子音 g			guī	gūn
子音 k	息		kuī	kūn
子音 h			huī	hūn
子音 j		jiū		
子音 q	息	qiū		
子音 x		xiū		
子音 zh	舌		zhuī	zhūn
子音 ch	舌 息		chuī	chūn
子音 sh	舌		shuī	shūn
子音 r	舌		ruī	rūn
子音 z			zuī	zūn
子音 c	息		cuī	cūn
子音 s			suī	sūn

※母音「iou(you)」「uei(wei)」に子音が付く場合は、声調符号は後ろに付きます。

練習 2

▶▶▶ 音声 50

音声を聞いて、発音しながら漢字とピンインを書いて覚えましょう。
※ 　は隠れた音あり。

1. 秋天 **qīutiān** (秋)

2. 对 **duì** (そうです)

3. 吹风机 **chuīfēngjī** (ドライヤー)

4. ～岁 **～ suì** (～歳)

5. 丢 **diū** (なくす)

6. 休息 **xiūxi** (休む)

7. 流行 **liúxíng** (流行する)

duì
对

chuīfēngjī
吹风机

～suì
～岁

ピンインの仕組みが分かると発音が良くなる！

突然ですが、「我 wǒ」をしっかり発音できていますか？　中国語を話す上で一番よく使う単語ですが、この音をきれいに発音できている学習者は意外と少ないのです。

この音をきれいに出すためには、ピンインの仕組みについて理解する必要があります。ピンイン表の縦 27 を見てみましょう。

u	ua	uo	uai	uei
wu	wa	**wo**	wai	wei
bu				
pu				
mu				
fu				
du		duo		dui
tu		tuo		tui
nu		nuo		
lu		luo		
gu	gua	guo	guai	gui
ku	kua	kuo	kuai	kui
hu	hua	huo	huai	hui

実際の発音（u ua uo uai uei の行）

子音なしの時の表記（wu wa wo wai wei の行）

「**wo**」の発音は、母音「**uo**」であることが分かります。「**w**」の正体は、母音「**u**」なのです。ということは「**w**」は「**u**」として発音する必要があるのです。（子音なしの表記「**wu**」を除く）これに気付ければ、「**u**」の発音（第 3 章 1 を参照）の特徴に注意して発音することでグッと中国語らしい「我 **w**ǒ」になります。

ピンインにはこのような表記の罠がいくつかあります。この「子音が付かない時に表記が変わる」というのもその一つです。

「五」　発音は「ǔ」　→ピンイン表記は「wǔ」
「一」　発音は「ī」　→ピンイン表記は「yī」
「雨」　発音は「ǚ」　→ピンイン表記は「yǔ」

（「ü」の発音は第 1 章 3 を参照）

ややこしいかもしれませんが、自分でピンインを書くことはあまりなく、基本的に読むものですので、次の 3 つさえ覚えておけば大丈夫です。

y=i	**w=u**	**yu=ü**
（yi、yin、ying を除く）	（wu を除く）	

第2章

〈伝わる〉

声調さえ正しければ かなり伝わる

「杯子 bēizi」と「被子 bèizi」、「水饺 shuǐjiǎo」と「睡觉 shuìjiào」を間違えたり、「我问你 Wǒ wèn nǐ」を「我吻你 Wǒ wěn nǐ」と言って大恥をかいたり。声調のミスは、誰にでもあるものです。

実は、発音（口の動き）は多少あいまいでも通じます。母音と子音の発音には、聞き手に許容範囲があるからです。目の前で外国人が一生懸命話していれば、聞き手も許容範囲を広げて聞こうとしてくれます。

しかし、中国人の耳には声調に関する高性能なセンサーがあり、少しの違いも敏感に察知してしまいます。声調に対しては厳しく、許容範囲も狭いため、声調を間違えると全く通じないことがあるのです。中国で活躍する日本人でも、ネイティブ発音を習得している人はあまりいません。それでも中国人と円滑にコミュニケーションができるのは、声調のミスがないからなのです。

歌を覚える感覚で、中国語の声調に慣れていきましょう！

1
2声
直角に上げよう

初級者がつまずきやすいのがこの2声と3声の違いです。まずは、3声から見ていきましょう。

3声の最後を2声のように上げてしまっていませんか？ **3声の最後を上げるのは、単独の時と、文末の時だけです。それ以外は、3声の最後は上げずに、低いまま抑えます。**この低いまま抑える3声のことを、「半3声」と言います。

動画でも確認できます。https://youtu.be/XG9PBvA3pyQ

▶▶▶ 動画3

練習1

▶▶▶ 音声51

まず、3声と半3声を聴き比べてみましょう。

■よく使う3声（半3声）のイメージ

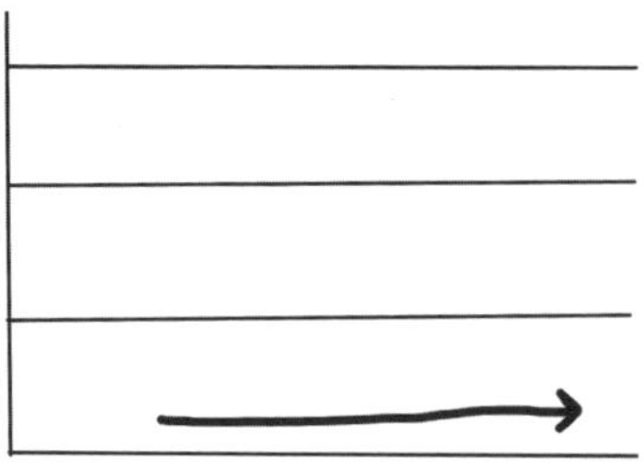

■単独と文末の 3 声のイメージ

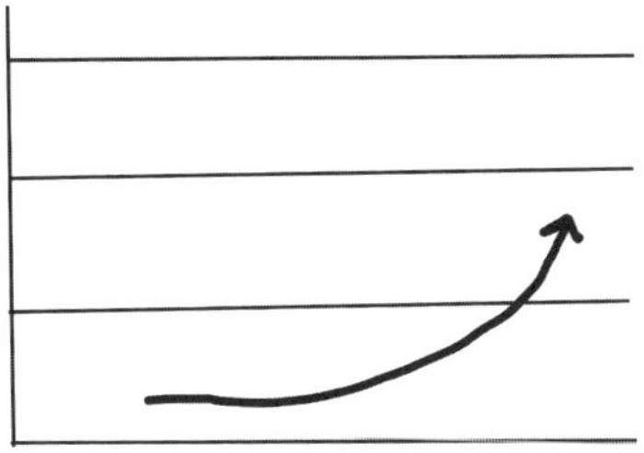

「五十 wǔshí」「好人 hǎorén」のように単独ではない場合、低いまま抑える「半 3 声」になります。この半 3 声は単独の 3 声よりも、圧倒的に使用頻度が高いです。

▶▶ 音声 52

五十 **wǔshí** (50)

好人 **hǎorén** (良い人)

一方、単独の 3 声は、次の会話の場合です。「几」は文末、「五」は単独なので半 3 声ではなく、尻上がりの 3 声です。また、ゆっくり強調して発音する時にも音の後ろが上がる傾向にあります。

▶▶ 音声 53

八	减	三	等于	几	？
Bā	**jiǎn**	**sān**	**děngyú**	**jǐ**	**?**
	半 3 声		半 3 声	3 声	

(8 − 3 は？)

五！ (5 ！)

Wǔ !

3 声

次に２声を聞いてみましょう。

２声は斜め上（45度）に上げるのではなく、直角（90度）に上げるイメージを持ちましょう。

練習２

▶▶ 音声54

聞いてみましょう。

■ ２声は直角に上げる！！

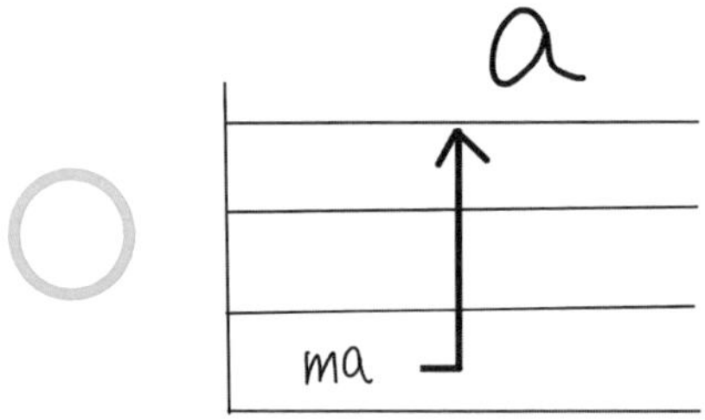

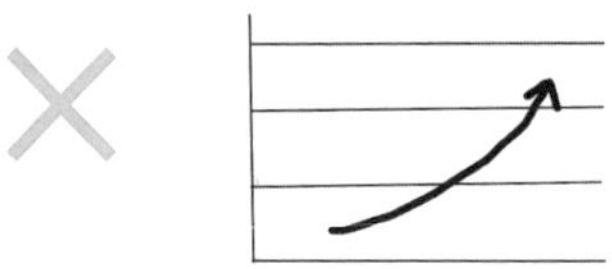

このイメージだと単独の３声と区別が付けづらい

声調符号のイメージで、斜め上に上げようとすると勢いが足りず、単独の３声と区別しづらくなります。そのため、練習の時は低い「**ma**」と高い「**a**」の２つの高さで声を出し、後ろの高い音の方が声が大きくなるように意識すると、２声の特徴をとらえやすくなります。

練習 3

▶▶ 音声 55

2 声を 2 段階で上げるイメージで発音してみましょう。

ma (低) → **a** (高)

ha (低) → **n** (高)

gu (低) → **o** (高)

- **2 声は直角に上げる**
- **3 声は低いまま抑える**

この 2 つを意識して発音することで、2 声と 3 声を区別できるようになります。それでは、実際に発音してみましょう。

練習 4

▶▶▶ 音声 56

音声を聞いて、発音しながら漢字とピンインを書いて覚えましょう！

1. 午饭　**wŭfàn**（昼ごはん）

2. 感冒　**gănmào**（風邪）

3. 好!　**Hăo!**（いいよ！ OK!）

4. 有!　**Yŏu!**（あるよ！）

5. 明年　**míngnián**（来年）

6. 韩国　**Hánguó**（韓国）

7. 我吃午饭。

Wŏ chī wŭfàn.（お昼ごはんを食べます。）

8. 我没有感冒。

Wŏ méiyŏu gănmào.

（風邪をひいていません。）

wŭfàn
午饭

gănmào
感冒

Hăo!
好!

2

1声と4声 長く伸ばし、自信を持とう

・1 声

▶▶ 音声 57

1声は「高く」と思われがちですが、実際の高さは人によってまちまちです。男性は女性より声が低いことが多いですが、絶対的な音の高さは気にしなくても大丈夫です。なぜなら**声調は絶対的な音の高さではなく、相対的な「音の上げ幅と下げ幅」**が重要だからです。直前の音が低ければ、次の音は高く聞こえるものです。**出発点の音の高さが違っても、上がり下がりの幅が同じならOK**です。カラオケの音程キーみたいなものですね。

1声の最大の特徴は、**同じ音程を長く伸ばすこと**です。

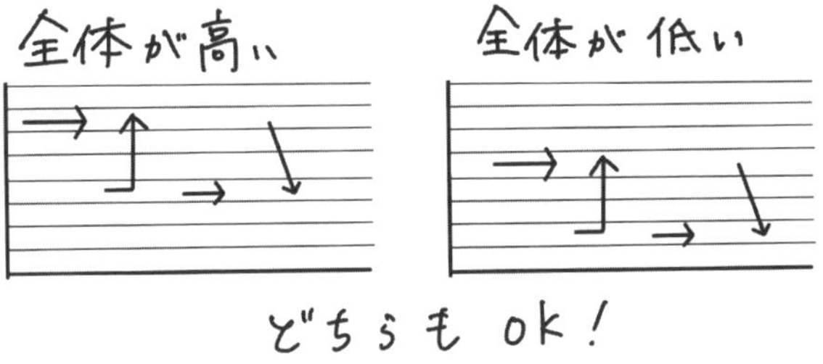

・4 声

▶▶ 音声 58

戦隊ヒーローが、敵と戦う時に出す「たぁ！」「とう！」のような声です。**強く、断定的に言い切る**のがコツです。この声調が苦手という人は、**自信がないので語尾が上がってしまっている**ことが多いです。中国語は疑問文でも語尾を上げる必要はなく、声調通りに発音します。日本語や英語の疑問文のように語尾を上げてしまい、4声の「強さ」が出きっていないことが原因なのです。

ここまでの各声調の特徴をまとめます。

1声　同じ音程を長く出す（高さはまちまち）
2声　低い音から高い音へ直角に上げる
3声　ひたすら低く抑える
4声　自信を持って強く、断定的に

それでは、4つの声調を練習していきましょう。

動画でも確認できます。https://youtu.be/4N-aoZQBaV4
▶▶▶ 動画4

練習 1

▶▶▶ 音声 59

各声調の特徴を意識して聞いて、発音してみましょう。3 声は半 3 声で発音します。

mā　má　mǎ　mà

mā　má　mǎ　mà

mā　má　mǎ　mà

mā　má　mǎ　mà

mā　má　mǎ　mà

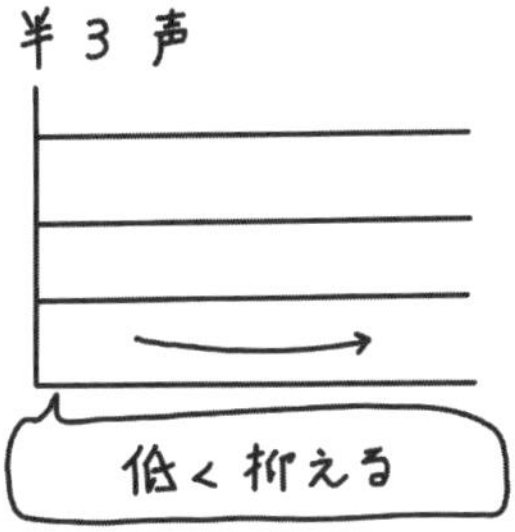

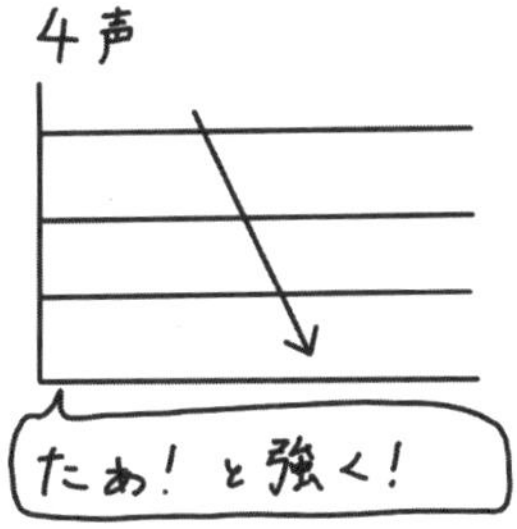

練習 2

▶▶▶ 音声 60

４つの声調をリズムに合わせて体で覚えましょう。3声は半3声で発音します。

リズムが少し速いです。まずは何度か聞いて音が耳に馴染んだ後に合わせてみましょう。

mā　má　mǎ　mà

mā　má　mǎ　mà

mā　má　mǎ　mà

mā　má　mǎ　mà

mā　má　mǎ　mà

3

声調パターン表 これがあれば迷った時に確認できる

「自分の声調が合っているのか自信がない」という人はとても多いです。その不安を解消していきましょう。

声調の組み合わせを、「1声＋1声、1声＋2声、…」と数えると20パターンあります。まずこの20パターンを覚えてしまいましょう。この20パターンの単語を覚えて、自分の中に**「これだけは絶対に合っている」という声調のパターン表**を作ってください。そうすれば、ほかの単語の声調もこのパターン表に照らし合わせて確認することができるのです。

次の20パターンを徹底的に音で覚えましょう。声調を意識しながら音源を繰り返し聞き、定着させます。**最初は必ずしもピンインを見る必要はありません。音だけで覚えてください。**歌を覚えるのと同じ感覚ですね。「ある程度覚えたな」と思ったらピンインを確認し、「この音はピンインだとこうやって書くのか」といったイメージで音とピンインをリンクさせましょう。

20パターンを覚えたら、ほかの単語で応用してみましょう。例えば、「牛奶 niú nǎi」→2声＋3声→「啤酒 pí jiǔ」と同じパターンで読めばOKです。

練習 1

▶▶▶ 音声 61

中国語声調 20 パターンを、5 回練習しましょう。

※ ▢ は反り舌音、有気音。

1+1	fēi jī	飞机
1+2	Zhōng guó 舌	中国
1+3	jī chǎng 舌 息	机场
1+4	gōng zuò	工作
1+軽	mā ma	妈妈

2+1	míng tiān 息	明天
2+2	hóng chá 舌 息	红茶
2+3	pí jiǔ 息	啤酒
2+4	niú ròu 舌	牛肉
2+軽	míng zi	名字

動画でも確認できます。https://youtu.be/wBVkjlecff0

▶▶▶ 動画 5

3+1	shǒu jī 舌	手机
3+2	yǒu míng	有名
3+3	nǐ hǎo	你好
2+3 変調	→ ní hǎo	
3+4	hǎo kàn 息	好看
3+軽	jiǎo zi	饺子

jiǎozi
饺子

4+1	xià tiān 息	夏天
4+2	huàn qián 息	换钱
4+3	diàn nǎo	电脑
4+4	zài jiàn	再见
4+軽	bà ba	爸爸

diànnǎo
电脑

練習 2

音声 62

自分で発音した後、お手本の音声を確認してみましょう。分からなくなったら、前の「声調パターン表」をもう一度確認してください。

希望 **xīwàng** (工作と同じ声調)

国家 **guójiā** (明天と同じ声調)

感动 **găndòng** (好看と同じ声調)

黑板 **hēibăn** (机场と同じ声調)

萝卜 **luóbo** (名字と同じ声調)

luóbo
萝卜

弟弟 **dìdi** (爸爸と同じ声調)

洗澡 **xĭzăo** (你好と同じ声調)

xĭzăo
洗澡

电影 **diànyĭng** (电脑と同じ声調)

我的 **wŏde** (饺子と同じ声調)

他的 **tāde** (妈妈と同じ声調)

结果 **jiéguǒ** (啤酒と同じ 声調)

理由 **lǐyóu** (有名と同じ声調)

文化 **wénhuà** (牛肉と同じ声調)

北京 **Běijīng** (手机と同じ声調)

漫画 **mànhuà** (再见と同じ声調)

新鲜 **xīnxiān** (飞机と同じ声調)

今年 **jīnnián** (中国と同じ声調)

太阳 **tàiyáng** (换钱と同じ声調)

蛋糕 **dàngāo** (夏天と同じ声調)

学习 **xuéxí** (红茶と同じ声調)

dàngāo
蛋糕

どうでしたか？

このように20パターンをしっかり覚えれば、どんな単語にも応用できます。自分の発音を録音して、お手本と聴き比べてみるといいですよ。

4

軽声 直前の声調で高さが違うことを意識しよう

軽声は、ほかの声調の後ろにおまけのように短くくっつける音です。声調符号は付きません。音が短いために、ほかの声調に比べて軽く扱われがちですが、学習者の音読を聞いていると、この軽声のミスがとても多いのです。耳を澄ませると、軽声は直前の声調の高さによって高く聞こえたり低く聞こえたりします。人の動きで表すと次のようなイメージです。

▶▶▶ 音声63

第1声と軽声

māma
妈妈

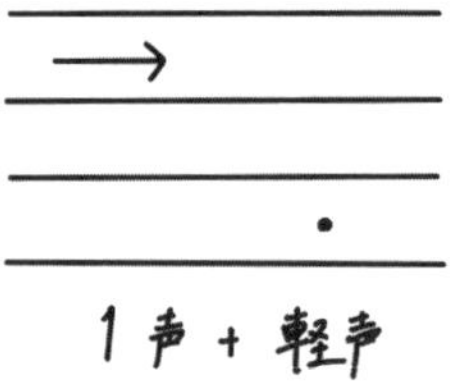

第2声と軽声

míngzi
名字

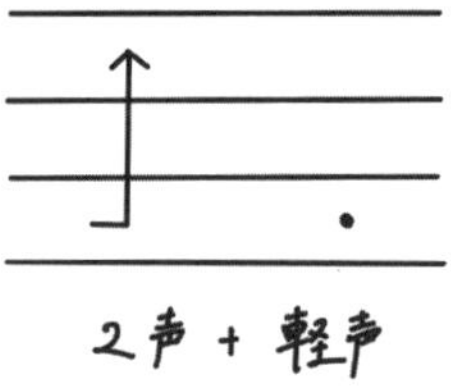

第3声と軽声

第4声と軽声

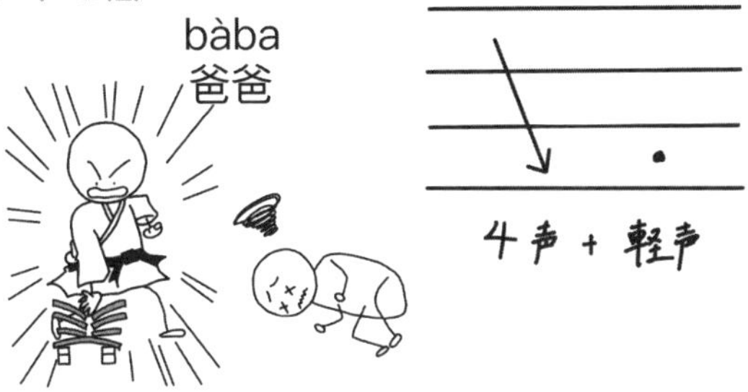

3声の後の軽声だけ跳ね上がっていますね。これは直前の3声が低いので、軽声が高く聞こえるためです。**「3声＋軽声」だけは、「3声＋1声」と同じようなイントネーション**で発音しましょう。そのほかの1声＋軽声、2声＋軽声、4声＋軽声は低く、おまけのように発音できるので、自然な流れで読めば大丈夫です。

練習 1

▶▶▶ 音声 64

1 個～ 10 個の中国語音声を聞いて、発音しながら漢字とピンインを書き取ってみましょう。

一个 **yí ge** (1 個)

两个 **liăng ge** (2 個)

三个 **sān ge** (3 個)

四个 **sì ge** (4 個)

五个 **wŭ ge** (5 個)

六个 **liù ge** (6 個)

七个 **qī ge** (7 個)

八个 **bā ge** (8 個)

九个 **jiŭ ge** (9 個)

十个 **shí ge** (10 個)

中国で一般的によく使われる数字のハンドサインです。指を動かしながら練習すると、楽しくて覚えやすいかもしれません。

yí ge
一个

liǎng ge
两个

sān ge
三个

sì ge
四个

wǔ ge
五个

liù ge
六个

qī ge
七个

bā ge
八个

jiǔ ge
九个

shí ge
十个

練習 2

▶▶▶ 音声 65

音声を聞いて、発音しながら漢字とピンインを書いて覚えましょう。

1. 本子　**bĕnzi**（ノート）

2. 辣的　**là de**（辛いもの）

3. 谢谢　**xièxie**（ありがとう）

4. 嘴巴　**zuĭba**（口《くち》）

5. 杯子　**bēizi**（コップ）

6. 妹妹　**mèimei**（妹）

7. 哥哥　**gēge**（兄）

8. 姐姐　**jiĕjie**（姉）

声調とのつき合い方

中国語の声調は４種類＋軽声で、その組み合わせは理論上 20 パターンです。しかし、実社会では、当てはまらない場合によく出会います。皆さんも、教科書の文章の音声や、ネイティブの発音を聞いて「この１声とあの１声は高さが違うんじゃないか？」とか、「ここは２声のはずなのに軽声に聞こえる……」などの違和感を覚えたことがあるのではないでしょうか。確かに自由な雰囲気で会話をする場合、話し手本人も無意識の方言が影響している場合など、20 の声調パターン通りではないことがあります。しかし、あくまでもお手本の声調どおりに発音できるようになることが大事な基礎となります。自然でくだけた発音は、基礎の先にあるものです。まずは、**歌を歌う感覚で、一つひとつの声調と向き合いましょう**。

また、発音を練習する時の習慣として身につけてほしいのは、**先に音を聞く**ことです。ピンインを見て「この漢字は２声だな！　よし、２声で発音しよう！」という順ではなく、音源を聞いてからピンインを見て「なるほど。この音は２声か、よし真似しよう」とする方が、効率が良いです。

あっという間に声調の感覚を身につけられる練習法は残念ながらありませんが、特徴をしっかり捉えれば、決して無理なことではありません。少しずつ成功率を上げていきましょう！

5

変調 1
「3声＋3声」は「你好」を思い出す

声調には変調という悩みの種もありますね。中国語の変調は3種類あります。ダントツでよく出てくるのが「3声+3声」を「2声+3声」に変える①のパターンです。

①	**3声+3声**	**→**	**2声+3声**
②	「不 bù」	→	「不 bú」+4声
③	「一 yī」	→	「一 yí」+4声、「一 yì」+1・2・3声

①　3声+3声→2声+3声

このパターンが多いのは、文頭に来ることが多い「我 wǒ」や「你 nǐ」が3声だからです。**「我 wǒ」や「你 nǐ」の後に3声が来た場合、「我 wǒ」や「你 nǐ」はすぐに2声に変わってしまいます。**

一番分かりやすいのは「你好 nǐhǎo」です。「你 nǐ」も「好 hǎo」も単独では3声ですが、連続して発音される場合は変調が起き、**実際の発音は「níhǎo」となります**。理由はシンプルです。低い音が連続すると苦しいので、自然と前の音が上がるからです。

▶▶ 音声66

「你好 nǐhǎo」

「水果 shuǐguǒ」のような3声＋3声のピンインを、自分で2声＋3声に変換して読まなければいけないのは大変ですが、**「你好 nǐhǎo」と同じイントネーションで読む癖をつけましょう。**

練習

▶▶ 音声 67

音声を聞いて、発音しながら漢字とピンインを書いて覚えましょう。

1. 很好 **hěn hǎo** （良い、元気だ）

2. 小米 **Xiǎomǐ** （シャオミ ［中国の家電メーカー］）

3. 美女 **měinǚ** （美女［最近では女性に対する声かけにも使われる］）

4. 老板 **lǎobǎn** （店主）

5. 手表 **shǒubiǎo** （腕時計）

6. 洗脸 **xǐliǎn** （洗顔をする）

7. 我买 **Wǒ mǎi** （［私は］ 買う）

měinǚ
美女

shǒubiǎo
手表

xǐliǎn
洗脸

6

変調 2
「不」は「不是」で覚える

① 3 声 +3 声 → 2 声 +3 声
② 「不 bù」 → 「不 bú」+4 声
③ 「一 yī」 → 「一 yí」+4 声、「一 yì」+1・2・3 声

② 「不 bù」→「不 bú」+4 声

次に多いのは「不 **bù**」の変調です。否定を表す「不 **bù**」にも変調があります。**後に続く音が 4 声の場合、2 声「不 bú」に変わる**というものです。

それ以外は「不 **bù**」と 4 声で発音します。単独で「いいえ」のように使う場合も、「不 **bù**」4 声です。

この変調で最も使う頻度が高い表現は「不是 **bú shì**」ですので、声に出して覚えておきましょう。迷ったとき声に出して、自分で確認できます。また、動詞や形容詞は否定形「不」もセットで覚えるようにしましょう。

▶▶ 音声 68

「不 bù」(いいえ) 4 声のまま
「不是 bú shì」(是の否定形) 2 声+ 4 声
「不去 bú qù」(行かない) 2 声+ 4 声
「不热 bú rè」(暑くない) 2 声+ 4 声

多くの初級教科書では変調後の音でピンインを表記していますので、そのまま読めば OK です。

練習

▶▶▶ 音声 69

音声を聞いて、発音しながら漢字とピンインを書いて覚えましょう。

Nǐ shì xuésheng ma？
1. 你 是 学生 吗 ？ （あなたは学生ですか？）

Bù, wǒ bú shì xuésheng.
不，我 不 是 学生。（いいえ、私は学生ではありません。）

Zhège cài, là ma ？
2. 这个 菜，辣 吗 ？ （この料理、辛いですか？）

Bú là!
不 辣 ！ （辛くないです）

Wǒ bù xiǎng chī zhège.
3. 我 不 想 吃 这个 。 （これは食べたくないです。）

7

変調3
「一」は「第一、一万、一天…」で迷わない

① 3声+3声 → 2声+3声
② 「不 bù」 → 「不 bú」+4声
③ **「一 yī」 → 「一 yí」+4声、「一 yì」+1・2・3声**

最後の一つは「一 yī」の変調ですが、①「3声＋3声→2声＋3声」や②「不 bù」と比べるとあまり出てきません。

③ 「一 yī」→「一 yí」+4声、「一 yì」+1・2・3声

基本は**「不 bù」と同じで、後に続く音が4声の場合、「一 yí」と2声に**変わります。また、**後に続く音が4声以外の1、2、3声の場合は、4声に**変わります。

ただ、**後ろに音が続かない単独の場合と、固有名詞、序数の場合は、変調しません。「一 yī」のまま**です。単独の場合というのは、量詞を付けず、「いーち、にーい、さーん……」とカウントするような場合です。また、序数の場合というのは、「一番目の、二番目の……」という場合で、中国語では「第 dì」がよく付きます。

多くの初級教科書では変調後のピンインを表記していますので、そのまま読めば大丈夫なのですが、次のパターンを声に出して覚えておきましょう。迷ったとき声に出して、自分で確認できます。

▶▶▶ 音声 70

「第一 dì yī」1声のまま
「一万 yí wàn」2声に変調
「一天 yìtiān」「一年 yì nián」「一起 yìqǐ」4声に変調

とにかく変調は、音で覚える。ルールは後から確認することをお勧めします。例えば、「我想看电影。 Wǒ xiǎng kàn diànyǐng. 」を読む場合「我 wǒ」と「想 xiǎng」を別々に考えるのではなく、セットで「我想～ Wǒ xiǎng (～したい)」(発音する時は 2 声＋ 3 声で) と覚えてしまう方が効率的です。

「一个 yí ge」の「一 yí」は なぜ2声なの？

「～個」を表す量詞「个 ge」は軽声です。しかし、「个人 gèrén (個人)」のような単語では 4 声で発音します。「个」はもともと 4 声なので、③の「一 yí」＋ 4 声の変調が起こるのです。

練習

▶▶▶ 音声 71

音声を聞いて、発音しながら漢字とピンインを書いて覚えましょう。

1. 一起 **yìqǐ** (一緒に)

2. 一本书 **yì běn shū** (1 冊の本)

3. 一家人 **yìjiārén** (家族)

4. 一举两得 **yìjǔ-liǎngdé**

(一石二鳥、一挙両得)

5. 一次 **yí cì** (一回)

6. 一辈子 **yíbèizi** (一生)

7. 一路平安 **yílù-píng'ān**

(道中ご無事で [旅立つ人に向けて言う言葉])

yìjiārén
一家人

yílù-píng'ān
一路平安

8

変調 4
3 声が連続したら意味の切れ目を探す

「3 声＋ 3 声」は「2 声＋ 3 声」になりますが、3 声が文の中で何個も連続している場合、どうすればよいのでしょうか？

それは、「意味上での切れ目（ポーズ）」と「スピード」が関わってきます。3 声が何個も連続する文で説明します。

Wǒ gěi nǐ liǎng bǎ yǔsǎn.
我 给 你 两 把 雨伞 。

「3 声＋ 3 声」を「2 声＋ 3 声」にというルールを適応して、最後の 3 声を残して前のすべての 3 声が 2 声になるわけではありません。

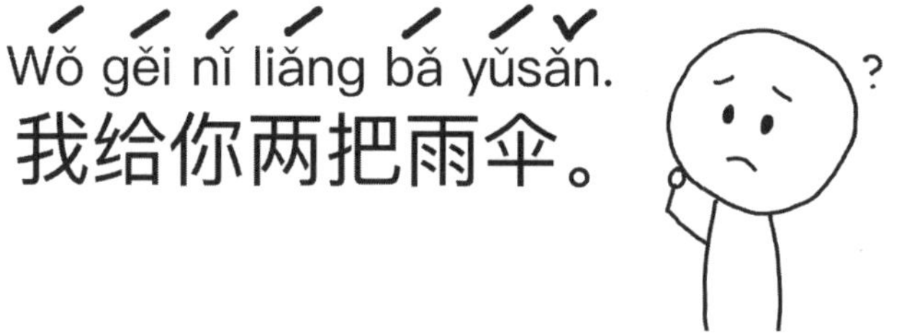

この場合、「どこで意味が切れるか」を考えます。

私は　(あなたに) あげる　2 本の　傘を

我 / 给 你 / 两 把 / 雨伞 。

この切れ目の単位で変調が起こります。

ˇ　ˊ ˇ　ˊ　ˇ　ˊ ˇ

Wǒ / gěi nǐ / liǎng bǎ / yǔsǎn.

我/给你/两把/雨伞。

ピンインが書かれている場合も、3 声表記のままです。自分で「3 声 +3 声」の変調も見極めなければいけません。

では、少しだけ違う文で練習してみましょう。

Wǒ xiǎng gěi　nǐ　mǎi liǎng bǎ　yǔsǎn.

我 想 给 你 买 两 把 雨伞 。

（あなたに傘を 2 本買ってあげたい）

切れ目を入れましょう。文章の後ろから考えると分かりやすいです。

まず、「雨伞」と「两把」を、切り分けます。

我 想 给 你 买 / 两 把 / 雨伞 。

「买」の前に「给你」がありますね。「你」が「买」するわけですから、この 2 つの結び付きは強いですが、「给」と「你」も分けられませんので、「给你买」はセットとします。

我 想 / 给 你 买 / 两 把 / 雨伞。

となり、実際の発音は、次のようになります。

▶▶▶ 音声 73

Wǒ xiǎng / gěi nǐ mǎi / liǎng bǎ / yǔsǎn.

我想/给你买/两把/雨伞。

しかし、読むスピードが速くなると、切れ目が減ることがあります。

▶▶▶ 音声 74

Wǒ xiǎng gěi nǐ mǎi / liǎng bǎ / yǔsǎn.

我想给你买/两把/雨伞。

このように、切れ目（ポーズ）が減って、変調が立て続けに起こる場合もあります。ただし、スピードが早くなると 2 声の上がり切る間もなく次の音に移行するため、1 声のように聞こえる場合もありますので、あくまで目安です。また、長い文の中での変調はかなり個人差があるため、「これ！」というルールがないのも事実です。まずは細かい意味の切れ目に注意して読んでみましょう。

「発音発音と言うけれど、一体どこから手をつけていいか分からない！」
初級者の頃の私が思っていたことです。

中国語発音重要度ランキング

中国語の発音で優先すべきものは、ダントツでこの章で学んだ声調ですが、ほかにどんなものがあるのでしょうか。全体と重要度が分かれば、安心ですよね。それでは、重要度ランキング、スタート！

さぁ！　始まりました。中国語発音重要度ランキングのお時間です。私は司会の田井レイラです。

解説の神田ドンです。よろしくお願いいたします。

では、早速ですが中国語発音重要度ランキングの発表です。栄えある１位に輝くのは、発音のどの要素でしょうか？！

１位　声調

やはり、といったところでしょうか。

発音が正しくても、声調が違うと全く伝わらなくなりますからね。納得の１位と言えるでしょう。反対に、声調さえ押さえておけば、「おおよそ通じる発音」になる、という希望でもありますね。

2位　母音「e、ü、-eng」

母音全体ではなく、まさかの単体でのランクインとなりました。

これらは日本語の音に当てはめられない音の代表格ですね。「カタカナをふってしまうと詰む音」としてもいいでしょう。多くの学習者たちを苦しめる、まさに三銃士です。

3位　その他の母音

その他、というのは2位以外の、ということでしょうか。

正確には2位と、後で発表される5位以外の音ですね。
ローマ字読みでも読みやすく、カタカナ発音でも比較的通じやすい音です。美しく発音するための細かい注意点はありますが、2位の三銃士とは違って覚えやすい音と言えるでしょう。
しかし、量が多いので、数で苦しめてくるタイプですね。

4位　子音「zi、ci、si」

一見簡単そうに見えますがこれは……？

「ジーチーシー」と読んでしまう罠ですね。
日本語の「ジーチーシー」はピンインでは「ji、qi、xi」の方が近いです。特に「c」は「cong」を「コン」と読んでしまい、先生に直されるまでがお決まりの音と言っても過言ではありません。ちなみに、日本語の「コン」は「kong」の方が近いです。

5位　母音 ピンイン表記に現れない隠密の音「-iu、-ui、-un」

おっと、こちらはダークホースですね。

「酒 jiǔ」や「六 liù」の「-iu」は実際には「iou」、「对 duì」や「水 shuǐ」の「-ui」は実際には「uei」と読みます。実際の音がピンインに表記されていないんですね。闇にまぎれて暗躍する、ピンイン界の暗殺者です。

6位　子音　有気音

下馬評でも反り舌音との僅差が予想されていましたが……。

例えば、中国語では「ba」と「pa」の音を息の声が「聞こえたら pa」、「聞こえなかったら ba」と判断しています。日本語の「ば」と「ぱ」の違いではないんですね。
文脈で判断できない固有名詞などで伝わらなくなりがちです。

7位　子音　反り舌音「zhi、chi、shi、ri」

多くの学習者から「できない」の声が聞かれます。

「ネイティブでもできない人がいる」ということでの順位でしょう。このような舌の使い方をする発音は日本語にはないので、訓練が必要です。

8位　母音「an」と「ang」

日本語の「案内」と「案外」の違いとも言われる音ですね。

よくご存知ですね。厳密に言うとそれ以外の違いもあります。この２つの音を聞き分けられないと言う学習者も多いのですが、「聞き分けられなくてもあまり困ることがない」というのがこの順位の理由でしょう。

はい、「中国語発音重要度ランキング」８位までの発表でした。意外な順位もありましたね、神田さん。

そうですね。このランキングは「伝わりやすい」中国語に必要な順位を表しています。しかし、発音を聞きやすい、美しいものにしていくためには、この順位は関係ありません。どの発音も等しく大事にしていくことも、発音の鍛錬には欠かせないですね。

そのとおりですね。では、みなさんありがとうございました！

第3章

〈より伝わる〉

口に中国語用の筋肉をつけよう

発音練習はスポーツに似ています。自分の音読を録音し、分析して舌の位置や唇の形を調整しながら試行錯誤する……。野球で言えば投球フォームの確認ですね。口の中を意識し、可動域を広げ、だんだんと中国語の音を出しやすい筋肉をつけていくのです。中国語らしい発音を体得するためには、日本語仕様になっている口や舌の筋肉に中国語用の筋肉をつける作業が必要です。

反り舌音や母音「ü(yu)」などの日本語からかけ離れた口の形の音は、単独では発音できても文章になるとうまくできないことがあります。それは口周りや舌の筋肉が「そんな姿勢やったことないよ～」と慌てているからです。素人がいきなりバレエのポーズをさせられているようなものなのです。正しいフォームの練習を続け、「中国語仕様の筋肉」が鍛えられれば、口周りや舌が素早くその姿勢を取れるようになります。

ただ、口の中の状態というのは人によっても違うので、ここでの「正しいフォーム」はあくまでも「正しい音が出やすいフォーム」なのです。最初に正しい音があり、その音に近づけるための基本フォームです。まずこの基本のフォームを押さえ、その後正しい音と聴き比べながらあなたが発音しやすい形を探っていってください。

1

口の中の空間を広げる基本のフォーム

発音指導をする時、「口を大きく開ける」とアドバイスすることがありますが、「口を大きく開ける」と言うと、歯科に行った時のように唇を大きく開いて、口の中を全部見せるようにしてしまい、狙った音が出ないことが多いようです。「あごを下げる」と言った方が、伝わりやすいかもしれません。

中国語の発音は「唇」「舌」「あご」が重要です。「口の中の空間を広くとる」音が多い中国語においては、「あご」はとてもよく使う部位です。**「口を大きく開ける」よりも、「あごを下げる」方が口の中の空間は広くなります。**腹話術の人形になったイメージで、あごをカクカク動かしてみましょう。

特に顕著なのが中国語の「u(wu)」です。唇は日本語の「う」と似ているのですが、中国語の方はあごが下がります。

動画でも確認できます。https://youtu.be/z62WeOFeLHM

▶▶▶ 動画 6

① 中国語の「u(wu)」は鼻の下を伸ばし、唇をやや斜め下に突き出すイメージ。
② あごを下げ、舌を喉の方に引っ込め、口の中の空間を広くして、音をこもらせます。

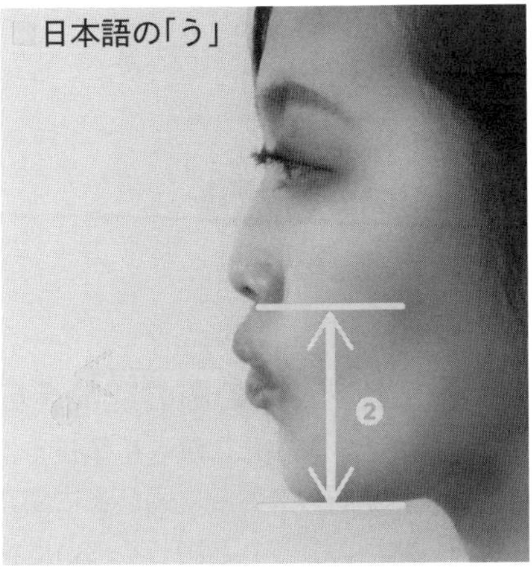

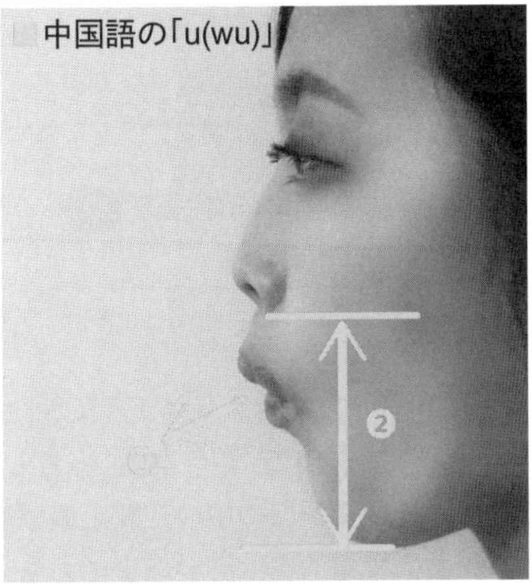

日本語の「う」	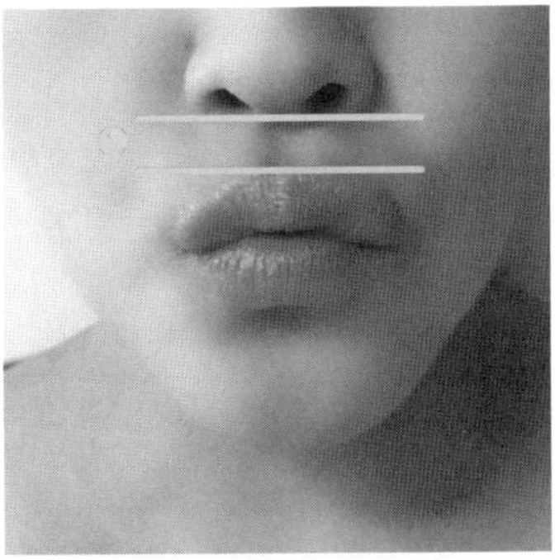
中国語の「u(wu)」	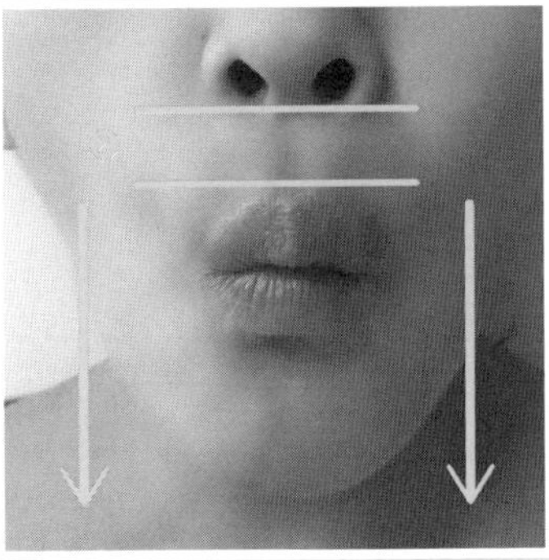

やってみよう

▶▶▶ 音声 75

2つの音を聴き比べてみましょう。

日本語の う	中国語の u (wu)

あごを下げ、舌を喉の方に引っ込めることで、口の中の空間を広くとり、こもったような柔らかい音が出ます。熱いたこ焼きを頬張るようなイメージで、口の中の空間を広げましょう。日本語の「お」に近い音に聞こえる人もいます。唇は必要以上に力を入れず、日本語の「う」と同じくらいに突き出します。慣れてきたら徐々にあごの力を抜いて、発音しやすいフォームを探ってみてください。

あごを下げて発音する音は、ほかにもあります。単母音の「a」と「o」です。日本語の「あ」や「お」より、あごを下げます。日本語と比べてはっきりと発声する意識が重要です。

口の中の空間を意識すると、ぐっとネイティブっぽい発音になりますよ。

練習 1

▶▶ 音声 76,77,78,79,80,81,82,83,84
▶▶ ピンイン表　縦 25-33

「u(wu)」から始まる音です。口の形に注意して、音を真似してみましょう。

子音無し		wu	wa	wo	wai	wei ※	wan	wen ※	wang	weng
子音 b		bu								
子音 p	息	pu								
子音 m		mu								
子音 f		fu								
子音 d		du		duo		dui	duan	dun		
子音 t	息	tu		tuo		tui	tuan	tun		
子音 n		nu		nuo			nuan			
子音 l		lu		luo			luan	lun		
子音 g		gu	gua	guo	guai	gui	guan	gun	guang	
子音 k	息	ku	kua	kuo	kuai	kui	kuan	kun	kuang	
子音 h		hu	hua	huo	huai	hui	huan	hun	huang	
子音 j										
子音 q	息									
子音 x										
子音 zh	舌	zhu	zhua	zhuo	zhuai	zhui	zhuan	zhun	zhuang	
子音 ch	舌 息	chu	chua	chuo	chuai	chui	chuan	chun	chuang	
子音 sh	舌	shu	shua	shuo	shuai	shui	shuan	shun	shuang	
子音 r	舌	ru	rua	ruo		rui	ruan	run		
子音 z		zu		zuo		zui	zuan	zun		
子音 c	息	cu		cuo		cui	cuan	cun		
子音 s		su		suo		sui	suan	sun		

※ wei と wen は子音が付くと表記から「e」が消えます。
（第 1 章 5「隠れた音」を参照）

zhū
猪

練習 2

▶▶▶ 音声 85

音声を聞いて、発音しながら漢字とピンインを書いて覚えましょう。
※ 　は u(wu)。

1. 肚子 dùzi（おなか）

2. 瀑布 pùbù（滝）

3. 努力 nǔlì（動 努力する 形 一生懸命である）

4. 看书 kàn shū（本を読む）

5. 顾客 gùkè（お客様）

6. 快餐 kuàicān（ファストフード）

7. 化妆 huàzhuāng（メイクをする）

8. 谷歌 Gǔgē（Google）

dùzi
肚子

kuàicān
快餐

huàzhuāng
化妆

2

「an」と「ang」のフォーム

日本語を母語とする人にとって発音の難問となるのが、この「an」と「ang」です。安心してください、あなただけではありません。この音の区別については、本当によく質問をされ、たくさんの人が「聞き分けられない！」と訴えます。

実は、**私はこの音の「聞き取り」はあまり重要ではない**と考えています。私も間違えますし、ネイティブでさえ間違えることがあります。私は、中国語の文章の書き取りで知らない単語が出てくると、漢字が分からないのでピンインだけ書いておきますが、後で調べると -n と -ng をよく間違えています。また、ネイティブでも「速いと一発で聞き分けるのは難しい」と言う人もいます。

地名や人名などの固有名詞では、-n と -ng が聞き分けられずに困ることもあります。例えば初めて「Jìng gāng［静冈］（静岡）」と聞いた時、「jin」と「jing」、「gan」と「gang」のどちらか迷うかもしれません。ゆっくり何度も聞き返せば聞き取れるかもしれませんが、テストでなければ、漢字を説明してもらった方が早いです。その場合は「怎么写? Zěnme xiě?（どうやって書きますか？）」と聞いてみましょう。

そして、いきなり「聞き分ける」ことを目指すより、**まず自分で発音し分けることで、違いを認識してみましょう**。そのために、日本語の「ん」から説明します。実は日本語の「ん」の発音は、１つではありません。次の３つの日本語を発音し、「あ『ん』」の発音の違いを考えてみましょう。

▶▶▶ 音声 86

案内（あんない）	案外（あんがい）	あんぱん

この３つの「**あ『ん』**」はすべて違う発音です。それぞれ、「**ん**」の部分を伸ばして発音してみると分かりやすいかもしれません。

▶▶▶ 音声 87

あんーーーーーーーーない	あんーーーーーーーーがい	あんーーーーーーーーぱん

「案内」の「ん」は舌の先を前歯の裏の手前の歯ぐきにくっつけて発音しています。これは、次に「な」を発音しなくてはいけないので、「な」を発音しやすいように準備するためです。これは日本語の「**n**」の音です。

「案外」の「ん」は舌の根本が盛り上がり、軟口蓋（のどちんこあたり）にくっつけて、発音しています。これも、やはり次に来る「が」を発音しやすいように準備するためです。これは日本語の「**ng**」の音です。

「あんぱん」の「ん」は唇を閉じて発音していますね。「ぱ」を発音しやすくするためです。これは日本語の「**m**」の音です。

このように、日本語の「ん」は次に来る子音によって発音を変えています。次に来る音を発音するために対応しやすい、最も省エネな舌の位置で発音しているんですね。日本語の「ん」にはほかにも種類があり、それをすべて「ん」という１つの記号に押し込めて表しているのです。

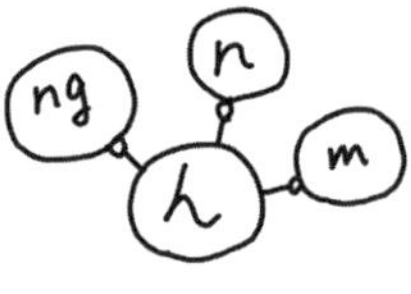

しかし、中国語は日本語の「ん」と違って、次の音の準備をしているわけではありません。その漢字に割り振られた音一つひとつ、「-n」なのか「-ng」なのかを見極めて発音する必要があります。

中国語の「-n」は日本語の「案内」の「ん」、「-ng」は日本語の「案外」の「ん」です。具体的には、発音が終わった最後の口の形が違います。

フィニッシュの口の形

an	ang
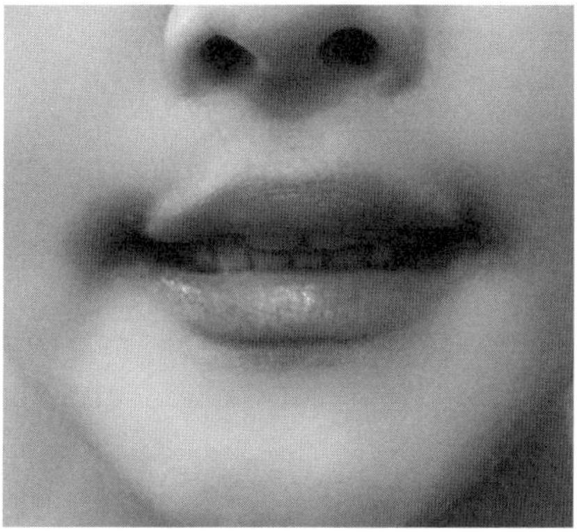	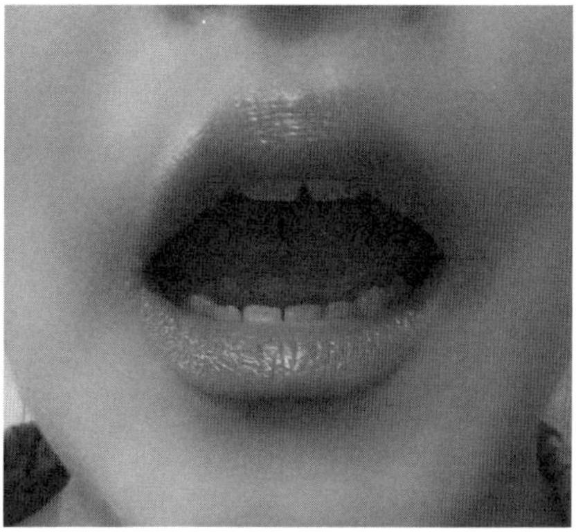
① 口は閉じ気味に ② 上の歯と下の歯のすき間から舌が少し見える ③ 舌先で音を止めるイメージ	① 口がぽかんと開いている ② 唇が丸いだけではなく、あごが下がり、口の中の空間を広くしている

ただ、例外もあります。単独や後ろの音との間にポーズが置かれる場合など、すぐ後ろに音が続かない場合は「-n」と「-ng」を発音し分けますが、そうでない場合は発音しやすいようにアレンジします。ピンインはあくまで発音を表記したものなので、こうした例外もあるのです。例えば、「拼音 pīnyīn」の「pīn」はnで終わりますが、これをピンインどおりに舌先を歯ぐきにつけて発音すると、「ピンニン」という音になってしまいます。実際の発音は「ピンイン」です。舌先を歯ぐきにつけません。

また、「an」と「ang」を聴き比べると、「a」の音にも違いがあります。「an」ではフィニッシュで舌先を使って音を止める必要があるため、「ang」よりも口が閉じ気味になります。その影響で「a」の時の口内も狭くなり、やや「エ」が混じったような音になります。

練習 1

▶▶ 音声 88,89,90
▶▶ ピンイン表　縦 8,10 と横

フィニッシュの口の形を意識して発音してみましょう。聞き取れなくても大丈夫です。

子音無し		an	ang
子音 b		ban	bang
子音 p	息	pan	pang
子音 m		man	mang
子音 f		fan	fang
子音 d		dan	dang
子音 t	息	tan	tang
子音 n		nan	nang
子音 l		lan	lang
子音 g		gan	gang
子音 k	息	kan	kang
子音 h		han	hang
子音 j			
子音 q	息		
子音 x			
子音 zh	舌	zhan	zhang
子音 ch	舌 息	chan	chang
子音 sh	舌	shan	shang
子音 r	舌	ran	rang
子音 z		zan	zang
子音 c	息	can	cang
子音 s		san	sang

máng
忙

láng
狼

hàn
汗

練習 2

▶▶▶ 音声 91

音声を聞いて、発音しながら漢字とピンインを書いて覚えましょう。
※ ▢ は an、ang。

1. 男　nán（男性）

2. 大阪　Dàbăn（大阪）

3. 寒假　hánjià（冬休み）

4. 餐厅　cāntīng（レストラン）

5. 厨房　chúfáng（キッチン）

6. 棒棒糖　bàngbàngtáng
（棒付きキャンディ）

7. 担当　dāndāng（㊍引き受ける、請け負う）

cāntīng
餐厅

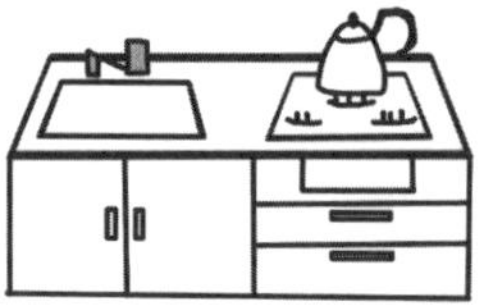

chúfáng
厨房

bàngbàngtáng
棒棒糖

「-n」と「-ng」の見分け方

「-n」と「-ng」のどちらか迷ったことはありませんか？　私はしょっちゅうあります。そんな時、便利なのが日本語の音読みで判断する技です。

日本語の音読みが
「ん」で終わる音→「-n」
「ん」以外で終わる音→「-ng」

健→けん→ **jiàn**
南→なん→ **nán**
山→さん→ **shān**
餐→さん→ **cān**
寒→かん→ **hán**
银→ぎん→ **yín**

康→こう　→ **kāng**
方→ほう　→ **fāng**
上→じょう→ **shàng**
当→とう　→ **dāng**
忙→ぼう　→ **máng**
航→こう　→ **háng**

「**贞**→てい→ zhēn」などの例外はごく少数で、ほとんどの場合はこの法則が使えます。ピンインテストの時にも活用できますね。

3

「en」と「eng」のフォーム

「-n」と「-ng」は「an」と「ang」以外の音にもあります。フィニッシュの口の形が違うということは同じですが、音自体が大きく変わるものもありますので、それぞれの特徴を押さえて発音しましょう。

en

▶▶▶ 音声 92

単母音「e」(第 1 章 1) は喉の奥で発音します。フィニッシュが「-n」ですので、**言い終わった時にあまり口が開いていません。** そのため、口の中の空間が狭く、「eng」に比べると日本語の「えん」に近い音が出ます。

eng

▶▶▶ 音声 93

単母音「e」(第 1 章 1) は喉の奥で発音します。フィニッシュが「-ng」ですので、**喉の奥で「e」を発音した後、そのまま口を開けたままにします。** 口の中の空間が広いので、少しこもった音になります。

練習 1

▶▶ 音声 94,95,96
▶▶ ピンイン表　縦 9、11 と横

発音してみましょう。まず縦に読みます。その後、左右に読んでいきましょう。

子音無し		en	e	eng
子音 b		ben	e	beng
子音 p	息	pen	息 e	peng
子音 m		men	e	meng
子音 f		fen	e	feng
子音 d		den	e	deng
子音 t	息		息 e	teng
子音 n		nen	e	neng
子音 l			e	leng
子音 g		gen	e	geng
子音 k	息	ken	息 e	keng
子音 h		hen	e	heng
子音 j				
子音 q	息			
子音 x				
子音 zh	舌	zhen	舌 e	zheng
子音 ch	舌 息	chen	舌 息 e	cheng
子音 sh	舌	shen	舌 e	sheng
子音 r	舌	ren	舌 e	reng
子音 z		zen	e	zeng
子音 c	息	cen	息 e	ceng
子音 s		sen	e	seng

lěng
冷

shén
神

練習 2

音声 97

音声を聞いて、発音しながら漢字とピンインを書いて覚えましょう。
※ ▢ は en、eng。

1. 门　**mén**（ドア）

2. 萌　**méng**（かわいい、萌える）

3. 粉丝　**fěnsī**（[アイドルなどの] ファン）

4. 一封信　**yì fēng xìn**（一通の手紙）

5. 身体　**shēntǐ**（体）

6. 生活　**shēnghuó**（生活）

7. 真正的朋友

zhēnzhèng de péngyou

（本当の［正真正銘の］友達）

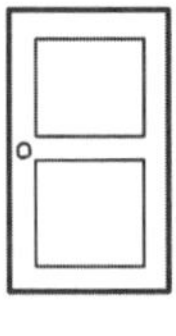

mén
门

méng
萌

fěnsī
粉丝

4

「yin」と「ying」のフォーム

▶▶ 音声 98

yin

日本語の「引退」の「いん」に似ている音です。 フィニッシュが「-n」ですので、言い終わった時にあまり口が開いていません。

ying

この音は少し特殊な音です。単純に、「yi」+「ng」とは違う音です。**「yi」+「eng」のように発音します。**「yi」から「eng」に舌のポジションが変わっていくことで音を変化させます。舌が喉の方に後退していくようなイメージです。

フィニッシュが「-ng」なのであごが下がり、言い終わった時に口が開いています。しかし、個人差が大きく、音の変化が少ない場合もあります。その場合、「yin」との差はフィニッシュの形だけです。

やってみよう 1

▶▶▶ 音声 99

違いを意識して聞いてみましょう。3 回読みます。

yin　ying

yin　ying

yin　ying

やってみよう 2

▶▶▶ 音声 100

発音してみましょう。3 回読みます。

yi　＋　eng

yi　＋　eng

yi　＋　eng

↓

ying

ying

ying

練習 1

▶▶ 音声 101,102,103
▶▶ ピンイン表　縦 21,23 と横

フィニッシュの口の形を意識して、発音してみましょう。まず縦に読み、その後、左右に読んでいきましょう。聞き取れなくても大丈夫です。

子音無し		yin	ying
子音 b		bin	bing
子音 p	息	pin	ping
子音 m		min	ming
子音 f			
子音 d			ding
子音 t	息		ting
子音 n		nin	ning
子音 l		lin	ling
子音 g			
子音 k	息		
子音 h			
子音 j		jin	jing
子音 q	息	qin	qing
子音 x		xin	xing
子音 zh	舌		
子音 ch	舌 息		
子音 sh	舌		
子音 r	舌		
子音 z			
子音 c	息		
子音 s			

yíng
贏

bìng
病

tīng
听

練習2

▶▶▶ 音声104

音声を聞いて、発音しながら漢字とピンインを書いて覚えましょう。
※ ▢ は yin、ying。

1. 您好。 Nínhǎo。（こんにちは。[「你好」の丁寧な表現]）

2. 经营 jīngyíng （経営する）

3. 银行 yínháng （銀行）

4. 星星 xīngxing （星）

5. 请进。 Qǐng jìn。（どうぞお入りください。）

6. 心脏病 xīnzàng bìng （心臓病）

7. 新品 xīnpǐn （新製品）

yínháng
银行

xīngxing
星星

Qǐng jìn。
请进。

5

「yan」と「yang」のフォーム

yan

「イアン」と読みたくなりますが、あえてカタカナで表記するなら「イエン」です。フィニッシュが「-n」ですので、言い終わった時にあまり口が開いていません。

yang

「イアン」に近いのはこちらです。フィニッシュは「ang」と同じです。フィニッシュが「-ng」なのであごが下がり、言い終わった時に口が開いています。

この２つの音はフィニッシュの「-n」「-ng」で分けているというよりは、**「a」を「え」寄りの発音で読むか、「あ」寄りの発音で読むか**で、「yan」と「yang」のどちらなのかが分かります。

やってみよう

▶▶ 音声 105

違いを意識して聞いてみましょう。

yan

yang

練習 1

▶▶▶ 音声 106,107,108

▶▶▶ ピンイン表　縦 20,22 と横

発音してみましょう。まず縦に読み、その後、左右に読んでいきましょう。

子音無し		yan	yang
子音 b		bian	
子音 p	息	pian	
子音 m		mian	
子音 f			
子音 d		dian	
子音 t	息	tian	
子音 n		nian	niang
子音 l		lian	liang
子音 g			
子音 k	息		
子音 h			
子音 j		jian	jiang
子音 q	息	qian	qiang
子音 x		xian	xiang
子音 zh	舌		
子音 ch	舌 息		
子音 sh	舌		
子音 r	舌		
子音 z			
子音 c	息		
子音 s			

tián
甜

qián
钱

練習 2

▶▶ 音声 109

音声を聞いて、発音しながら漢字とピンインを書いて覚えましょう。

※ 　は yan、yang。

1. 新干线 Xīngànxiàn （新幹線）

2. 香川县 Xiāngchuān xiàn （香川県）

3. 前面 qiánmiàn （前方）

4. 缅甸 Miǎndiàn （ミャンマー）

5. 吸烟 xīyān （タバコを吸う）

6. 太阳 tàiyáng （太陽）

7. 眼前 yǎnqián （目の前）

8. 绵羊 miányáng （羊）

Xīngànxiàn
新干线

xīyān
吸烟

miányáng
绵羊

6

「wan」と「wang」のフォーム

wan

ピンイン表記で「wu」以外の「w」は、「u」のことです。(第１章「ピンインの仕組みが分かると発音が良くなる！」を参照)「わん」にならないよう、**しっかりと「u」を発音してからすばやく「an」につなげます。**フィニッシュが「-n」ですので、言い終わった時にあまり口が開いていません。

wang

「わん」にならないよう、**しっかりと「u」を発音してからすばやく「ang」につなげます。**フィニッシュが「-ng」なのであごが下がり、言い終わった時に口が開いています。

この２つは、フィニッシュの形だけで区別しなくてはいけないので、聞き分けが難しいです。

やってみよう

▶▶▶ 音声 110

違いを意識して聞いてみましょう。

wan

wang

練習 1

音声 111,112,113

ピンイン表　縦 30,32 と横

発音してみましょう。まず縦に読み、その後、左右に読んでいきましょう。フィニッシュの口の形を意識しましょう。

子音無し		wan	wang
子音 b			
子音 p	息		
子音 m			
子音 f			
子音 d		duan	
子音 t	息	tuan	
子音 n		nuan	
子音 l		luan	
子音 g		guan	guang
子音 k	息	kuan	kuang
子音 h		huan	huang
子音 j			
子音 q	息		
子音 x			
子音 zh	舌	zhuan	zhuang
子音 ch	舌 息	chuan	chuang
子音 sh	舌	shuan	shuang
子音 r	舌	ruan	
子音 z		zuan	
子音 c	息	cuan	
子音 s		suan	

chuān
穿

shuǎng
爽

suān
酸

練習 2

▶▶▶ 音声 114

音声を聞いて、発音しながら漢字とピンインを書いて覚えましょう。
※ ▢ は wan、wang。

1. 观光　**guānguāng**（観光）

2. 涮羊肉　**shuànyángròu**（ラム肉のしゃぶしゃぶ）

3. 暖和　**nuǎnhuo**（暖かい）

4. 情况　**qíngkuàng**（状況、様子）

5. 钻石　**zuànshí**（ダイヤモンド）

6. 团团转　**tuántuánzhuàn**（てんてこ舞い）

7. 乱七八糟　**luàn qī bā zāo**
（めちゃくちゃである）

shuànyángròu
涮羊肉

nuǎnhuo
暖和

luàn qī bā zāo
乱七八糟

練習 3

▶▶ 音声 115

「-n」と「-ng」の区別が難しい単語です。フィニッシュの形を意識して発音してみましょう。

金鱼 jīnyú （金魚）

鲸鱼 jīngyú （鯨）

船上 chuánshang （船上）

床上 chuángshang （ベッドの上で）

7

口の可動域を広げる練習

ピンインには**唇、前歯の手前の歯茎など、口の前の方（イラスト①）**を意識すると良い音と、**口の空間と喉（軟口蓋）など、奥の方（イラスト②③）**を意識すると良い音があります。

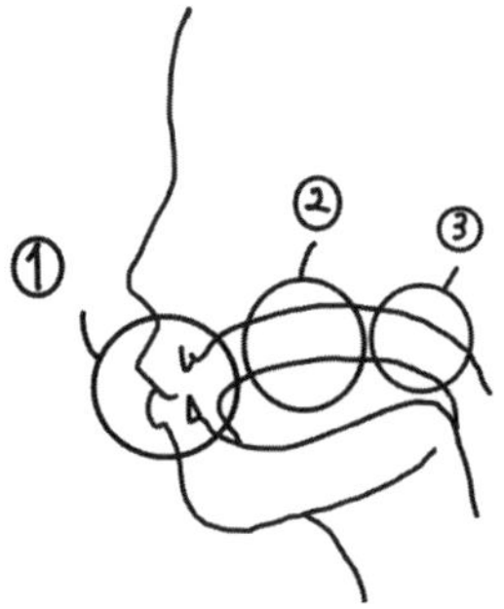

前の音

子音		母音	その他
b	j	i（yi）	-n
p	q	ü（yu）	
m	x		
f	zh		
d	ch		
t	sh		
n	r		
l	z		
	c		
	s		

奥の音

子音	母音	その他
g	a	-ng
k	e	
h	o	
	u（wu）	

「e」の音が苦手な人でも、「哥哥 gēge」のような、奥の子音「g」と奥の母音「e」の組み合わせならきれいに発音できる場合があります。それに比べて、「le」などは、うまく発音できないかもしれません。それは「le」を発音する時、前の子音「l」と、奥の母音「e」の音では、口の中で舌を前から後に急いで動かさなければいけないからです。

前と奥の音を続けて発音する場合、音をスムーズにつなげる技術が必要です。**口の可動域を広げるために、口の前と奥を意識する**習慣をつけましょう。そうすれば、より「中国語らしい」発音に近づけることができます。

中国語は口の奥や中で音を響かせる「こもったような音」と口の前で音を鋭く出す「クリアな音」を使い分けています。**自分の発音がこもって聞こえる場合は前の音を、逆にさっぱりしすぎているなと感じる人は奥の音を意識する**と、より一層「中国語らしい」音を出すことができます。

練習 1

▶▶▶ 音声 116

子音も母音も前の方で出すパターンを練習します。

子音「j、q、x」は日本語の「じ、ち、し」よりもずっと前の方で発音します。舌は上の前歯の裏くらいの位置で音を出します。

「-n」で終わる音はあまり口を開けすぎず、舌先で音を止めるようにしましょう。（第 3 章 2 を参照）

子音前＋母音前

去 **qù**（行く）※「q+yu」（第 1 章 3 を参照）

门 **mén**（ドア）

新 **xīn**（新しい）

难 **nán**（難しい）

橘 **jú**（かんきつ類））※「j+yu」（第 1 章 3 を参照）

子 **zǐ**（小さくて硬い粒状のものを指す接尾辞）

橘子 **júzi**（みかん）

練習 2

子音も母音も奥の方で出すパターンを練習します。

喉の奥 (軟口蓋＝のどちんこのあたりの柔らかい部分) を意識しながら発音しましょう。子音「**h**」は、声を出さない内緒話で「は」を言う時のように、喉の奥で摩擦音を出します。

子音奥＋母音奥

喝　**hē** (飲む)

高　**gāo** (高い)

花　**huā** (花)

国　**guó** (国)

航　**háng** (航)

空　**kōng** (空)

航空　**hángkōng** (航空)

練習 3

▶▶▶ 音声 118

子音は前の方、母音は奥の方で出すパターンを練習します。

子音は音の一番最初に一瞬だけ出る音ですので、前の子音を出した後すぐに後ろの母音に移行します。子音「f」は上の歯で下唇を触って出します。「-ng」で終わる音は口を開け、喉の奥で音を止めるようにしましょう。（第3章の2を参照）

子音前＋母音奥

醋 **cù** （酢）

风 **fēng** （風）

冷 **lěng** （寒い）

懂 **dǒng** （分かる）

房 **fáng** （家）

东 **dōng** （東、主人）

房东 **fángdōng** （家主、大家）

練習 4

▶▶ 音声 119

子音は奥の方、母音は前の方で出すパターンを練習します。

この組み合わせは「-n」で終わる音のみです。「-an」の音はあまり口を開けすぎず、子音を出したらすぐに舌先を前歯の手前の歯ぐきにつけて音を止めます。

子音奥＋母音前

看 **kàn**（見る）

肝 **gān**（肝臓）

啃 **kěn**（かじる）

汗 **hàn**（汗）

宽 **kuān**（幅が広い）

困 **kùn**（眠い）

还 **huán**（返す）

8 日本語で書くと同じになる音を区別する練習

ピンインの「su」と「si」を似ているなと思ったことがないでしょうか？　勉強し始めた頃の私には、両方とも日本語の「す」に聞こえていました。絵にすると、こんな感じです。

日本語の「す」の呪縛にかかり、「su」と「si」がくっついているように同じ音に聞こえていました。

そんな私と同じように、ほかにも「じ」（「zhi」と「ji」）、「ち」（「chi」と「qu」）、「ど」（「dou」と「duo」）、「ふ」（「hu」と「fu」）もくっついて、同じ音に聞こえている人が多いようです。

これらは中国語では全く違う音です。ひらがなの呪縛から解き放ち、それぞれ中国語の音として独立させましょう。

su と si

聞いてみよう

音声 120

聞いてみましょう。5 回読みます。

su　si

su　si

su　si

su　si

su　si

では、それぞれ詳しく口の形を見てみましょう。　▶▶▶ 音声 121

su	si
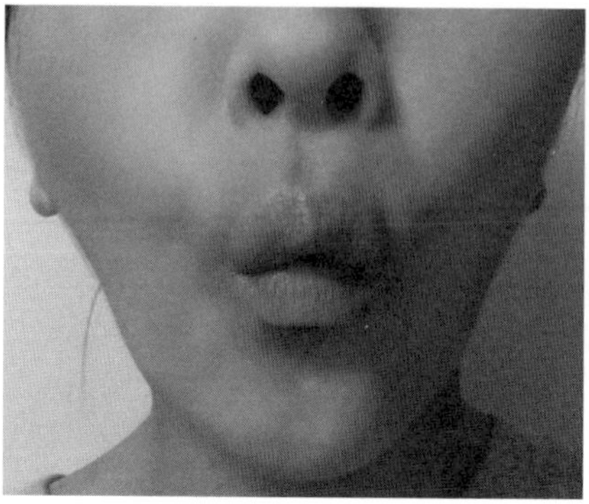	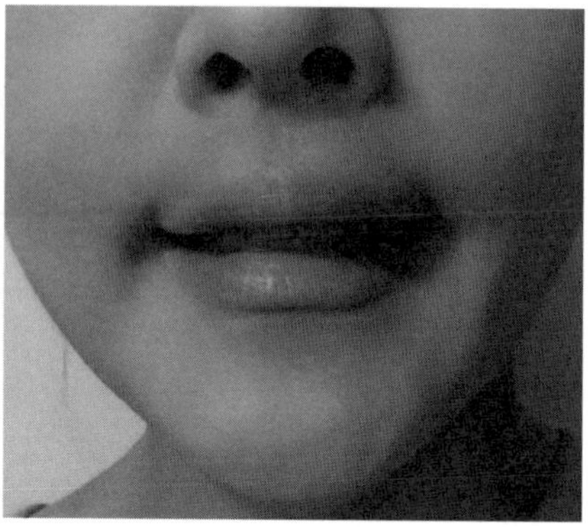
唇　→下に向かって突き出す あご→下げて口の中の空間を広くとる 舌　→上の前歯の裏でクリアに音を出し、口の中の空間をとるために下あごとともにすぐに喉の方に引っ込む 日本語の「す」よりも「そ」に近い音です。 （あごが下がる音は第３章１を参照）	唇　→少し横に引く（突き出さない） あご→自然体 舌　→上の前歯の裏でクリアに音を出し、そのままの位置で動かさない

す
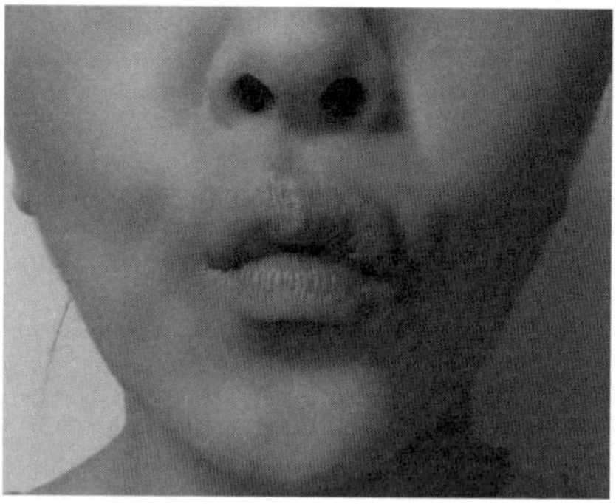
唇　→軽く突き出す あご→自然体 舌　→自然体

こうして見ると、日本語の「す」は唇にあまり力が入らず、あごも下がらないので省エネなイメージですね。日本語の「す」とかけ離れているのはやはり**「su」の「口の中の空間を広くとる」**点です。この点を意識すれば、「si」はそのままでも、区別がはっきりします。

練習 1

▶▶ 音声 122

「su」と「si」の違いを踏まえ、「zu」と「zi」、「cu」と「ci」もよく聞いて発音してみましょう。

su　　si

zu　　zi

cu　　ci（有気音）

zhi と ji

▶▶▶ 音声 123

zhi

唇　→アヒル口

あご→自然体

舌　→反り舌（第 1 章 4 を参照）

ji

「じ」よりも鋭い音で、口の前の方の音です。

唇　→軽く横に引く

あご→自然体

舌　→舌の先を使い、上の前歯の裏でクリアに音を出すイメージ

反り舌音が難しいと思っている人は多いのですが、実は日本語と似ている印象の「ji、qi、xi」が苦手な人も意外と多いのです。（前の音と奥の音は第 3 章 7 を参照）日本語よりもかなり口の前の方（口先）で出す音なので、少しでも音が口の中よりになってしまうと、音がぼやけてしまいます。唇の形より舌の位置が重要です。舌に「グッ！」と力を入れましょう。

練習 2

▶▶▶ 音声 124

よく聞いて発音してみましょう。

zhi　ji

chi　qi（子音「ch」と「q」は有気音）

shi　xi

ri　li（子音「l」は反り舌音ではありません）

chi と qu

▶▶ 音声 125

「吃 chī」と「去 qù」の発音は日本人にとって難関の一つですね。

chi	qu
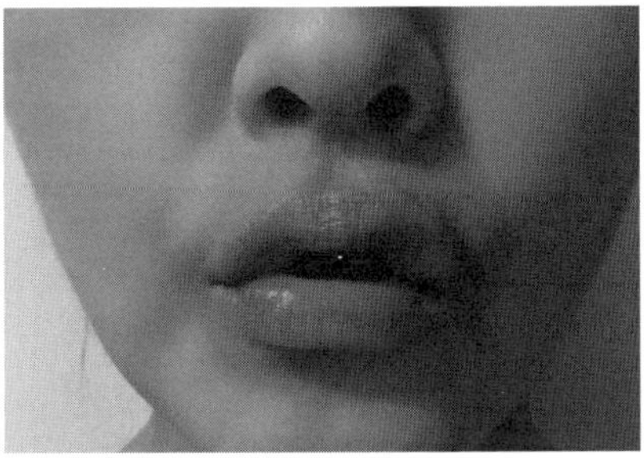	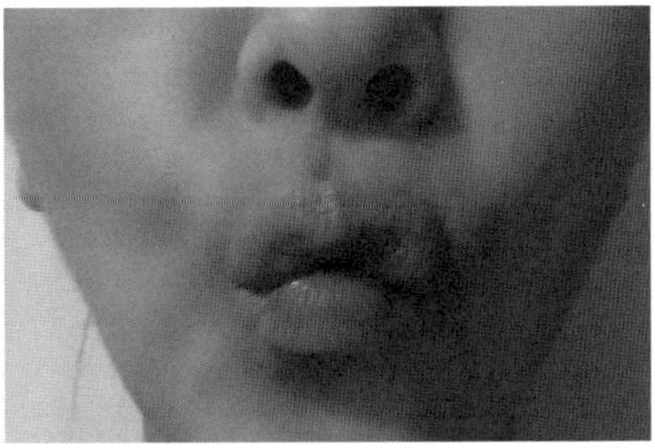
有気音であることを意識する 唇　→アヒル口 あご→自然体 舌　→反り舌（第 1 章 4 を参照）	有気音であることを意識する 母音は ü(yu) ！ 唇　→突き出す あご→自然体 舌　→上の前歯の裏でクリアに音を出し、「ü(yu)」の形でキープ（第 1 章 3 を参照）

なんといっても「qu」の母音が「ü(yu)」であることを意識できるかがポイントです。（第 1 章 3 を参照）

練習 3

▶▶ 音声 126

よく聞いて発音してみましょう。

zhi　　ju

chi　　qu　（子音「ch」と「q」は有気音）

shi　　xu

ru　　lü　（子音「l」は反り舌音ではありません）

dou と duo

▶▶▶ 音声 127

使用頻度が非常に高い「都 dōu」や「多 duō」も区別が難しいとよく言われます。ポイントは、唇の動きです。

dou

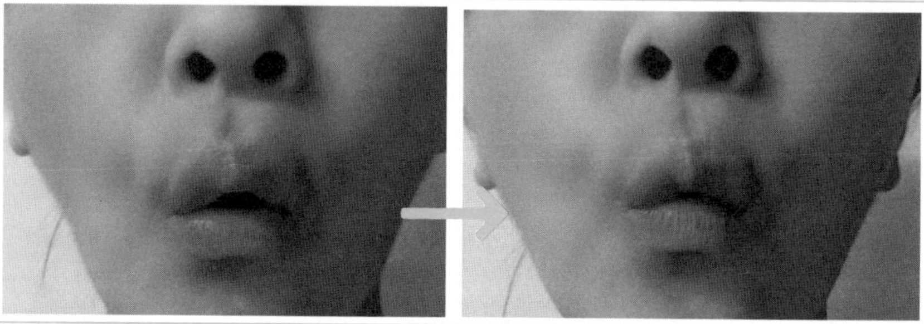

唇　→「o」ですぼめた唇をさらにすぼめて、「u（wu）」へスムーズに移行させる
あご→下げて口の中の空間を広くとる
舌　→口の中の空間を広くするため、「d」を発音した後に喉の方へ引っ込める

duo

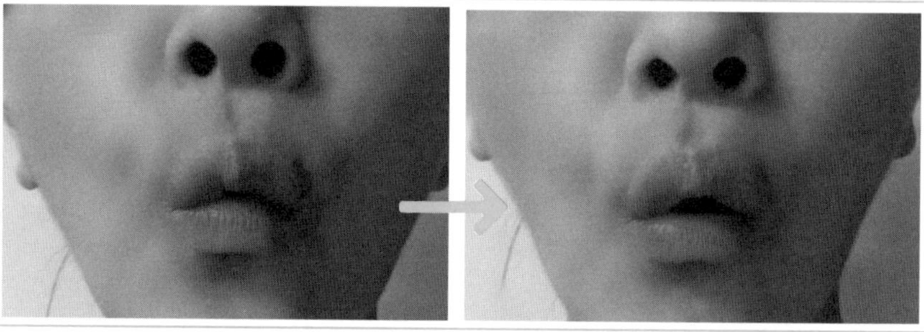

唇　→「dou」とは逆に、u ですぼめた唇の力を抜き、「o」へスムーズに移行させる
あご→「dou」と同じ。下げて口の中の空間を広くとる
舌　→「dou」と同じ。口の中の空間を広くするため、「d」を発音した後に喉の方へ引っ込める

練習 4

▶▶▶ 音声 128,129,130

▶▶▶ ピンイン表　縦 7,27 と横

よく聞いて発音してみましょう。まず縦に読み、その後、左右に読んでいきましょう。

子音無し		ou	wo
子音 b			
子音 p	息	pou	
子音 m		mou	
子音 f		fou	
子音 d		dou	duo
子音 t	息	tou	tuo
子音 n		nou	nuo
子音 l		lou	luo
子音 g		gou	guo
子音 k	息	kou	kuo
子音 h		hou	huo
子音 j			
子音 q	息		
子音 x			
子音 zh	舌	zhou	zhuo
子音 ch	舌 息	chou	chuo
子音 sh	舌	shou	shuo
子音 r	舌	rou	ruo
子音 z		zou	zuo
子音 c	息	cou	cuo
子音 s		sou	suo

gǒu
狗

ròu
肉

suǒ
锁

hu と fu

▶▶▶ 音声 131

hu

唇　→下に向かって突き出す
あご→下げて口の中の空間を広くとる
舌　→口の中の空間を広くするため喉の方へ引っこめ、口の奥で息の摩擦音を出す

fu

唇　→下に向かって突き出し、上の歯のフチに下唇を少しだけつけてすぐ離す
あご→下げて口の中の空間を広くとる
舌　→口の中の空間を広くするため、喉の方へ引っ込める

h の音は、唇で音を出すのではなく、口の奥で出します。喉を狭めて、摩擦音を出しましょう。いびきのような音です。

f の音は、**上の歯のフチに下唇をつけます**が、非常に繊細な動作です。唇を巻き込みすぎないよう、上の歯をつけるのは唇のかなり内側（粘膜の部分）でも大丈夫です。上の歯と下の唇で息を一瞬遮断するようなイメージです。

「区別が難しい」「聞き分けられない」という音は、ほかにもまだまだあると思います。自分の発音がどちら寄りなのかを分析し、特徴を押さえて２つの音の距離をだんだんと離して違う音になるよう練習を重ねていきましょう。

口の形、どこまでサボっていい？

中国語の発音教本にはいろいろな口の形の説明が載っていますが、中国人がペラペラと話す時、いつもその説明通りに口を動かしているのでしょうか？

私はそうではないと思います。一つひとつの発音を強調する時はしっかりと口を動かしますが、普段話している時にそれをやっていると、疲れてしまいます。本に載っている口の形はあくまでも基礎のトレーニング、スポーツの基礎的なフォームみたいなもので、そのフォームなら正しい音が出やすい、というだけです。

私にあったようにあなたにも、会話で「口の形をフォームどおりにせず、どこまでなら正しい音が出るか」探りたくなることがあるかもしれません。しかし、その段階に行き着くまでにはしっかりとした基礎トレーニングが必要です。そのうえで少しずつ崩しては戻し、崩しては戻し、という調整をしていくことになります。基礎トレーニングと実践は分けて行うのがよいでしょう。

第4章

〈続ける〉

日常生活に発音練習を採り入れよう

私は日本語母語話者の視点から中国語の発音を教えることが多いのですが、常々「日本人訛りの中国語があっていい」と思っています。中国は広く、方言も数多くあるので、中国の人たちは日本人と違って、「相手の言っている中国語が分からない」状況に慣れています。ですので、日本人訛りの中国語でもあまり問題はないと思います。また、中国語の発音は難しいとよく言われますが、声調さえ合っていれば、ほぼ「伝わる中国語」にすることができます。

では、標準的な発音を身につけるメリットは何でしょう？　一番のメリットは「相手にストレスを与えない」だと思います。中国人は「相手の言っている中国語が分からない」ことに慣れてはいますが、聞き取りやすいに越したことはありません。また、「普通话很标准（標準語が上手い）＝教養がある」という視点を持つ人もいます。そのため、中国人とコミュニケーションする場合、発音が良いことはメリットになるのです。

標準的な発音を身につけるには、日常的なトレーニングが必要ですが、発音トレーニングは少し単調です。そこで、モチベーションを保って続けるための提案をします。

1

中国語で歌おう

中国語の歌を歌うことは、発音のトレーニングとしてかなり有効です。楽しく歌うだけで口の筋肉強化になり、中国語の音に触れる時間が増えるからです。

また､音を伸ばすと隠れた音「e」や「o」が出てくるのも良い点です。例えば､「酒 jiǔ」を伸ばして発音すると、「jiooooooou ～♪」となり、隠れた「o」の音がより強調されます。

私は中国のカラオケアプリを使っています。ほかの人とデュエットできる機能もあって、とても面白いですよ。編集機能が優秀で、歌がうまく聞こえる加工もできます。まずは日本の歌の中国語カバー曲から始めてみるのもいいかもしれません。

ただ、音程が優先されて声調が消えてしまうので、歌だけで中国語を覚えるのはおすすめしませんが、楽しみながら発音トレーニングにもなる良い方法だと思います。

2

音読をしよう

声調、母音、子音を学び、それぞれの音の特徴を把握したら、どんどん音読をしましょう。教科書の本文でも、文法書の例文でも OK です。

■音読の注意点とコツ

・お手本の音源をしっかり聞く

中国語の音をできるだけ集中して聞くことが重要です。自分の口の動きに注目しがちですが、注意深く聞くことが何より大事です。

・録音して聞き返す

自分の声を聞くのは、最初は誰でも嫌なものです。客観的に自分の発音とお手本を聴き比べるには必須なので、早いうちに慣れましょう。また、聞きやすい声にしていくためにも重要です。

・できれば誰かに聞いてもらう

自分ひとりでする音読と、誰かに聞かせるための音読では緊張感が違います。身近に聞いてくれる人がいるという恵まれた方は少ないので、SNS を活用するといいですね。（第 4 章 3 を参照）音読をしていると、「この発音で本当にいいのかな？」「成長していない気がする…」と、不安に襲われることがあります。そんなときは、SNS で仲間を探すといいと思います。

3

SNS を活用しよう

独学の大敵は、孤独ではないかと思います。学校で学ぶ場合、クラスメートと相談したり、競ったり情報交換ができます。また、大勢の前で発言したり、時には発表したりして緊張感が保てます。一方独学には、自分の好きな時間に好きなように勉強できるという利点はありますが、質問できる先生がいない、発音を聞いてもらえない、自分自身のやる気にかかっている、という欠点もあります。

そんな独学の強い味方が SNS です。中国語の音読を載せたり、質問したり、悩みを書いたりするのでもいいでしょう。同じ音読でも、「人に聞いてもらう」という意識があるだけで大きな違いが出ます。また、ほかの学習者の発音を聞いて、「ここの声調が○声に聞こえる」「ここの発音はこんなイメージでやるといいかも！」など、アドバイスし合うのもいいと思います。その際、出版物などの公衆送信権を侵害しないように注意しましょう。まとまった文章を長期に渡って誰もが聞ける状態にしてはいけません。音読を SNS で行うことを許可している本であれば大丈夫です。分からない場合は、出版社に問い合わせましょう。

・Twitter

私のアカウント（夏季老師 @Natsuki_CHTH）には中国語学習者のみなさんがたくさんリプライをくださるので、その方々をフォローしましょう。

また、次のハッシュタグで探せば、音読をアップしている人がたくさん見つけられます。

語学は晒して伸ばす

・HelloTalk

言語交換アプリです。中国語を学んでいる日本人、日本語を学んでいる中国人がたくさんいますので、作文を載せるとすぐに返事がきて、添削してくれます。ほとんどの方は中国語の先生ではない普通のネイティブですので、文法的な説明は期待しすぎないほうがいいでしょう。

・LINE オープンチャット

匿名で入れるグループ LINE のような機能です。著者である私が運営するオープンチャット「中国語学習中！」は、多くの中国語学習者さんに利用していただいています。2020 年に LINE オープンチャットアワードを受賞しており、現在もとても活発です。音読を投稿したり、有志が出してくれる課題の書き取りをしたりしています。中国語に関する質問をすると、答えてくれる学習仲間がいるかもしれません。

これからもどんどん新しい SNS が出てくるかと思います。そこで独学者同士が集まってクラスメートのように相談し合えると、続けやすいですね。

付 録

ピンイン表

音声 132 ～ 191

		音声	132	133	134	135	136	137	138	139	140	141
		縦	1	2	3	4	5	6	7	8	9	10
音声	横		a	o	e	ai	ei	ao	ou	an	en	ang
170	1	/	a	o	e	ai	ei	ao	ou	an	en	ang
171	2	b	ba	bo		bai	bei	bao		ban	ben	bang
172	3	p	pa	po		pai	pei	pao	pou	pan	pen	pang
173	4	m	ma	mo	me	mai	mei	mao	mou	man	men	mang
174	5	f	fa	fo			fei		fou	fan	fen	fang
175	6	d	da		de	dai	dei	dao	dou	dan	den	dang
176	7	t	ta		te	tai		tao	tou	tan		tang
177	8	n	na		ne	nai	nei	nao	nou	nan	nen	nang
178	9	l	la		le	lai	lei	lao	lou	lan		lang
179	10	g	ga		ge	gai	gei	gao	gou	gan	gen	gang
180	11	k	ka		ke	kai	kei	kao	kou	kan	ken	kang
181	12	h	ha		he	hai	hei	hao	hou	han	hen	hang
182	13	j										
183	14	q										
184	15	x										
185	16	zh	zha		zhe	zhai	zhei	zhao	zhou	zhan	zhen	zhang
186	17	ch	cha		che	chai		chao	chou	chan	chen	chang
187	18	sh	sha		she	shai	shei	shao	shou	shan	shen	shang
188	19	r			re			rao	rou	ran	ren	rang
189	20	z	za		ze	zai	zei	zao	zou	zan	zen	zang
190	21	c	ca		ce	cai		cao	cou	can	cen	cang
191	22	s	sa		se	sai		sao	sou	san	sen	sang

有気音

反り舌音

反り舌音＋有気音

	音声	142	143	144	145	146	147	148	149	150	151
	縦	11	12	13	14	15	16	17	18	19	20
横		eng	ong	-i※	-i※	i※	ia	ie	iao	iou	ian
1	/	eng				yi	ya	ye	yao	you	yan
2	b	beng				bi		bie	biao		bian
3	p	peng				pi		pie	piao		pian
4	m	meng				mi		mie	miao	miu	mian
5	f	feng									
6	d	deng	dong			di		die	diao	diu	dian
7	t	teng	tong			ti		tie	tiao		tian
8	n	neng	nong			ni		nie	niao	niu	nian
9	l	leng	long			li	lia	lie	liao	liu	lian
10	g	geng	gong								
11	k	keng	kong								
12	h	heng	hong								
13	j					ji	jia	jie	jiao	jiu	jian
14	q					qi	qia	qie	qiao	qiu	qian
15	x					xi	xia	xie	xiao	xiu	xian
16	zh	zheng	zhong		zhi						
17	ch	cheng	chong		chi						
18	sh	sheng			shi						
19	r	reng	rong		ri						
20	z	zeng	zong	zi							
21	c	ceng	cong	ci							
22	s	seng	song	si							

※3つの「-i」
縦13～15の「-i」は違う音とされています。
縦13と14（反り舌音）の「-i」は唇を横に広げずに発音します。
それに対して、縦15の「i」は唇を横に少し引き、舌に力を入れて日本語の「い」よりも強く、ハッキリ出す音です。

		音声	152	153	154	155	156	157	158	159	160	161
		縦	21	22	23	24	25	26	27	28	29	30
音声	横		in	iang	ing	iong	u	ua	uo	uai	uei	uan
170	1	/	yin	yang	ying	yong	wu	wa	wo	wai	wei	wan
171	2	b	bin		bing		bu					
172	3	p	pin		ping		pu					
173	4	m	min		ming		mu					
174	5	f					fu					
175	6	d			ding		du		duo		dui	duan
176	7	t			ting		tu		tuo		tui	tuan
177	8	n	nin	niang	ning		nu		nuo			nuan
178	9	l	lin	liang	ling		lu		luo			luan
179	10	g					gu	gua	guo	guai	gui	guan
180	11	k					ku	kua	kuo	kuai	kui	kuan
181	12	h					hu	hua	huo	huai	hui	huan
182	13	j	jin	jiang	jing	jiong						
183	14	q	qin	qiang	qing	qiong						
184	15	x	xin	xiang	xing	xiong						
185	16	zh					zhu	zhua	zhuo	zhuai	zhui	zhuan
186	17	ch					chu	chua	chuo	chuai	chui	chuan
187	18	sh					shu	shua	shuo	shuai	shui	shuan
188	19	r					ru	rua	ruo		rui	ruan
189	20	z					zu		zuo		zui	zuan
190	21	c					cu		cuo		cui	cuan
191	22	s					su		suo		sui	suan

有気音

反り舌音

反り舌音＋有気音

	音声	162	163	164	165	166	167	168	169
	縦	31	32	33	34	35	36	37	38
横		uen	uang	ueng	ü	üe	üan	ün	er
1	/	wen	wang	weng	yu	yue	yuan	yun	er
2	b								
3	p								
4	m								
5	f								
6	d	dun							
7	t	tun							
8	n				nü	nüe			
9	l	lun			lü	lüe			
10	g	gun	guang						
11	k	kun	kuang						
12	h	hun	huang						
13	j				ju	jue	juan	jun	
14	q				qu	que	quan	qun	
15	x				xu	xue	xuan	xun	
16	zh	zhun	zhuang						
17	ch	chun	chuang						
18	sh	shun	shuang						
19	r	run							
20	z	zun							
21	c	cun							
22	s	sun							

索引

「その音がなぜ難しいのか」のヒントが見つかるように、ピンイン表から探せる索引を作りました。「この発音が苦手だなぁ」と思った時、該当の音を探してみてください。

第3章2 「an」と「ang」のフォーム

第3章3 「en」と「eng」のフォーム

第3章5 「yan」と「yang」のフォーム

第1章2 有気音

第1章1 「e」

	縦	1	2	3	4	5	6	7	8	9	10
横		a	o	e	ai	ei	ao	ou	an	en	ang
1	/	a	o	e	ai	ei	ao	ou	an	en	ang
2	b	ba	bo		bai	bei	bao		ban	ben	bang
3	p	pa	po		pai	pei	pao	pou	pan	pen	pang
4	m	ma	mo	me	mai	mei	mao	mou	man	men	mang
5	f	fa	fo			fei		fou	fan	fen	fang
6	d	da		de	dai	dei	dao	dou	dan	den	dang
7	t	ta		te	tai		tao	tou	tan		tang
8	n	na		ne	nai	nei	nao	nou	nan	nen	nang
9	l	la		le	lai	lei	lao	lou	lan		lang
10	g	ga		ge	gai	gei	gao	gou	gan	gen	gang
11	k	ka		ke	kai	kei	kao	kou	kan	ken	kang
12	h	ha		he	hai	hei	hao	hou	han	hen	hang
13	j										
14	q										
15	x										
16	zh	zha		zhe	zhai	zhei	zhao	zhou	zhan	zhen	zhang
17	ch	cha		che	chai		chao	chou	chan	chen	chang
18	sh	sha		she	shai	shei	shao	shou	shan	shen	shang
19	r			re			rao	rou	ran	ren	rang
20	z	za		ze	zai	zei	zao	zou	zan	zen	zang
21	c	ca		ce	cai		cao	cou	can	cen	cang
22	s	sa		se	sai		sao	sou	san	sen	sang

	縦	11	12	13	14	15	16	17	18	19	20
横		eng	ong	-i※	-i※	i※	ia	ie	iao	iou	ian
1	/	eng				yi	ya	ye	yao	you	yan
2	b	beng				bi		bie	biao		bian
3	p	peng				pi		pie	piao		pian
4	m	meng				mi		mie	miao	miu	mian
5	f	feng									
6	d	deng	dong			di		die	diao	diu	dian
7	t	teng	tong			ti		tie	tiao		tian
8	n	neng	nong			ni		nie	niao	niu	nian
9	l	leng	long			li	lia	lie	liao	liu	lian
10	g	geng	gong								
11	k	keng	kong								
12	h	heng	hong								
13	j					ji	jia	jie	jiao	jiu	jian
14	q					qi	qia	qie	qiao	qiu	qian
15	x					xi	xia	xie	xiao	xiu	xian
16	zh	zheng	zhong		zhi						
17	ch	cheng	chong		chi						
18	sh	sheng			shi						
19	r	reng	rong		ri						
20	z	zeng	zong	zi							
21	c	ceng	cong	ci							
22	s	seng	song	si							

第1章4 反り舌音

有気音

反り舌音

反り舌音＋有気音

第3章8 日本語で書くと同じになる音を区別する練習

第3章4「yin」と「ying」のフォーム

第3章1 口の中の空間を広げる基本のフォーム

第3章6「wan」と「wang」のフォーム

第1章5 隠れた音

第1章3「ü(yu)」

横	縦	21 in	22 iang	23 ing	24 iong	25 u	26 ua	27 uo	28 uai	29 uei	30 uan
1	/	yin	yang	ying	yong	wu	wa	wo	wai	wei	wan
2	b	bin		bing		bu					
3	p	pin		ping		pu					
4	m	min		ming		mu					
5	f					fu					
6	d			ding		du		duo		dui	duan
7	t			ting		tu		tuo		tui	tuan
8	n	nin	niang	ning		nu		nuo			nuan
9	l	lin	liang	ling		lu		luo			luan
10	g					gu	gua	guo	guai	gui	guan
11	k					ku	kua	kuo	kuai	kui	kuan
12	h					hu	hua	huo	huai	hui	huan
13	j	jin	jiang	jing	jiong						
14	q	qin	qiang	qing	qiong						
15	x	xin	xiang	xing	xiong						
16	zh					zhu	zhua	zhuo	zhuai	zhui	zhuan
17	ch					chu	chua	chuo	chuai	chui	chuan
18	sh					shu	shua	shuo	shuai	shui	shuan
19	r					ru	rua	ruo		rui	ruan
20	z					zu		zuo		zui	zuan
21	c					cu		cuo		cui	cuan
22	s					su		suo		sui	suan

横	縦	31 uen	32 uang	33 ueng	34 ü	35 üe	36 üan	37 ün	38 er
1	/	wen	wang	weng	yu	yue	yuan	yun	er
2	b								
3	p								
4	m								
5	f								
6	d	dun							
7	t	tun							
8	n				nü	nüe			
9	l	lun			lü	lüe			
10	g	gun	guang						
11	k	kun	kuang						
12	h	hun	huang						
13	j				ju	jue	juan	jun	
14	q				qu	que	quan	qun	
15	x				xu	xue	xuan	xun	
16	zh	zhun	zhuang						
17	ch	chun	chuang						
18	sh	shun	shuang						
19	r	run							
20	z	zun							
21	c	cun							
22	s	sun							

有気音

反り舌音

反り舌音＋有気音

■著者プロフィール
原田夏季（ハラダナツキ）

中国語講師、通訳・翻訳者。企業・学校で入門・初級の授業を担当。舞台通訳・ゲーム翻訳を手掛ける。SNSでは「夏季老師」の名前で知られ、YouTubeで入門者向けのレッスン動画を配信。Twitterでは中国語学習のヒントや文法まとめメモを更新中！　日本・東京生まれ。高校から中国語を学び、大連へ留学。著書に『超初級から話せる 中国語声出しレッスン』（アルク）がある。

■校正：上野振宇
■イラスト：原田夏季
■ナレーション：李軼倫・原田夏季
■録音：株式会社メディアスタイリスト

●音声ダウンロード・ストリーミング
1. PC・スマートフォンで本書の音声ページにアクセスします。
https://www.sanshusha.co.jp/np/onsei/isbn/9784384060348/
2. シリアルコード「06034」を入力。
3. 音声ダウンロード・ストリーミングをご利用いただけます。

夏季《なつき》老師《らおしー》の中国語《ちゅうごくご》用《よう》の口《くち》を手《て》に入《い》れる発音教室《はつおんきょうしつ》

2022年5月30日　第1刷発行

著　者　原田夏季
発行者　前田俊秀
発行所　株式会社 三修社
〒150-0001　東京都渋谷区神宮前2-2-22
TEL03-3405-4511
FAX03-3405-4522
https://www.sanshusha.co.jp
振替 00190-9-72758
編集担当　安田美佳子
印刷・製本　日経印刷株式会社

ISBN978-4-384-06034-8 C2087

カバー・本文デザイン：株式会社エヌ・オフィス